Le Kremlin-Bicêtre
bienvenue
A 6 · LYON
LE KREMLIN-BICÊTRE (RN7)
PÉRIPHÉRIQUE EXTÉRIEUR
Aide Sociale à l'Enfance
LE KREMLIN -BICÊTRE
LYON

JN004856

ターラの夢見た家族生活

パボ 著
安發明子 訳

親子をまるごと支える
フランスの在宅教育支援

サウザンブックス社

目次

第1章　在宅教育支援 …………………………… 3

第2章　ポジティブでいること ……………………… 57

第3章　追い求めているもの ……………………… 111

解説 ……………………………………………… 165

原作者からのメッセージ ……………………… 167

在宅教育支援とは …………………………… 168

『ターラの夢見た家族生活』解説 ……………… 171

訳者あとがき ………………………………… 175

LA VIE REVÉE DE TARA KABÉ Volume 01,02,03

Copyright © 2020, 2021, 2022 by M. Stéphane Danancier

Japanese translation rights arranged with M. Stéphane Danancier

through Japan UNI Agency, Inc., Tokyo

第1章
在宅教育支援

ママと一緒に暮らしたい！

私はターラ。ママと離れて施設で暮らしてる。
今日は子ども専門裁判官に会いに行く日。
ママと施設のエデュケーター＊のマルゴが一緒。
毎年行ってるけど、施設の滞在を延長するだけ。
学校を１日休めるのはいいけど、
行くだけムダ
裁判所ってのもたまには…
いいよね？
マルゴも施設ももううんざり、ほんとやだ！
今は施設暮らしだけど、
ほんとはママと暮らしたい！
でもママは裁判の度にやらかす…
去年なんて裁判官に
『アナと雪の女王』の衣装を
着てくれって主張して
大騒ぎになった…
おかげで私は…
施設暮らしが1年延長
もちろんママは悪い人じゃない。
空気が読めないだけ…
でも今年こそうまくいくはず。
だって今年はママ、入院しなかったし…
白だけ踏んで渡れたら…
ママは薬を飲み続けてくれる！
やった！
信号に着く前に青に変わったら施設はもう卒業…
やった
ママが振り返ったらこれからずーっとおうち
ターラおいで
！
わ！
まただ！
やった！
ひょっとして特別なパワーあるのかも⁉
よし、それなら…
裁判所までマルゴが黙っていたら…
世界に不幸な子どもは１人もいなくなる
ターラ見た？ストリートアートがあるよ
かっこよくね？
しゃべっちゃダメ‼
マルゴのバカ！全世界の子どもの敵！
くだらない話でみんなの人生をだいなしにして！
何よ急に？
ターラ！
ごめん…言い過ぎた
子ども専門裁判所
PeVO

＊エデュケーター：ソーシャルワーカーの一種で児童保護分野で中心的な役割を果たす国家資格

子ども専門裁判所

裁判は
子ども専門裁判官の
個室で行われる
子ども専門
裁判官
4号室
ドアの色がなんだか
トイレみたい
紙が置いてあるのも、トイレに似てる
紙というか立派な書類だけど
私の書類は裁判官の机の上にある
安定してきているわね。
帰っていいんじゃ
ないかしら
施設はもう
卒業ね
待機してる子も
たくさんいることだし、
席を空けてあげないと…
これからはママと
一緒よ。
うれしい？
はい！
そしたら
これでみんな
ハッピーね
市民法
不幸な子どもはたくさんいる。
でもその子たちのおかげで
私はママと暮らせる
みんな
ありがと
みんなの
おかげ
だけど、在宅教育支援＊を命令します
エデュケーターが会いに来て、ママのことを支えてくれて
ターラともアクティビティ＊＊を一緒にするの
え…
それ絶対？
私より
必要な子どもが
いるんじゃ…
これは
義務です
気がめいりそうな音楽を弾く人や
子どもを理解したふりして
解釈を間違えるような人は
やめてください
マルゴのことじゃないよ
マルゴも打楽器を
やってるけど…
お構い
なく
年齢の割に
表現が豊かね
よく言われます
エデュケーターは
選べますか？
カタログを見せて
私が選ぶのは支援機関で
あとは偶然の巡り合わせよ
偶然にもこれまで
失敗続きで…
何言ってんの！
うちらだって
偶然出会って
最高の関係を
築けたじゃん！
そう
だっけ？
とにかくこれで施設にバイバイできる！
次のエデュケーターは超いいやつかもしれないし、
映画や演劇やパリに連れてってくれるかも！
すっごい仲良しになって頼りにしちゃうかも！
ほんとの
パパ
みたいに！
廊下のはじまで目を閉じて走れたら…
ぜんぶうまくいく！
BLAM!
あとちょっとだったのに…
もしかして
エデュケーター
ですか⁉
うん
そうだけど…
あーあ

＊在宅教育支援：フランスの県の児童保護予算で、民間の在宅教育支援機関に所属するエデュケーターが週５時間から週１回子どもと家族と過ごす。
具体的に家族を支えるとともに家族に必要なケアをコーディネートする
＊＊アクティビティ：エデュケーターが子どもと家族の課題に合わせて、親子の関係性再構築やコミュニケーション改善のための外出や旅行などを一緒におこなう

職場のハードル家庭のハードル

ターラ・カベのプロジェクトですが、パボさんに担当していただきます
8歳、施設措置終了、母宅に移動。我々の扱う中心的事例です
僕はもう手一杯ですが…
またとないチャレンジと考えアグリーください。モチベーションの低下を防ぐチョイスになります
へ?
教育的スキームにおいて重要なのはアライアンスの集中的強化、外部リソースのコンセンサス獲得、ソリューションのシナジーです
以上よろしく
これからエデュケーターに会いに行くよ。覚えてる?説明したよね
ママが頼りないって言ってるの?
そんなこと言ってない
施設に戻りたくないから変なことしないでね。エデュケーターにこの人なら心配ないって思ってもらわないと
ガレットデロワ*とドレスは必要?
季節の行事を大事にする親と思われたいの!
ママが女王様でもふくれないでよ
ベストプラクティスに集中してください!裁判のクロージングは厳守ですよ。アジェンダの作成もよろしくお願いします
パワポは使えましたっけ?
子どもと家族の情報は何もないんですか?
注意散漫ですよ!余計な質問をして!
アセスメントのインプルーヴに向けマインドセットすること
TAP TAP
ママのことダメな母親だって思ってるんでしょ?
思ってない
ママが私のママでうれしいよ
ママも私が娘でよかったね
在宅教育支援じゃなくて養子縁組の面談だったら絶望的だったよ
PEVO

*ガレットデロワ:1 月に食べるアーモンドクリームパイで、セトモノでできた小さな人形が隠されている。人形が当たった人が王様・女王様になり冠をかぶる

私のエデュケーターになる人

児童保護関係機関の待合室がゆううつってことは…
よーく知ってる
例えば、この丸いボールを動かすおもちゃ。いつもあるけど、全然おもしろくない
これをサンタさんに頼んだって人に会ったことがない
おもしろくない証拠だと思う
これを買うのにわざわざ会議とかしたのかしら？
どこかにカメラがあって、密かに能力チェックされてたりして。「ボールテスト不成功、能力に応じた対応の検討が必要」とか報告書に書かれたり…
いかにもエデュケーターがやりそうなことね。自由に遊べるボールを渡す代わりに、レールを敷いて、ちゃんとレール通りに進められるか見てるんだ、きっと
さよなら私の創造性
カチャッ
はじめまして、エデュケーターのパボといいます…
あれ
この前会ったね
いいえ！
ぶつかっただけです！
ぶつかったのが不満かい？同じ方向に並んで歩けばぶつからずに済むけど…
そんなのつまらないよね
たしかにね！それはそうと、話すときにかがむのはやめて
大嫌いなの

こちらが上司の…
挨拶なんてほどほどでいいから！それじゃあ、話が広がる前に書類を埋めてしまいましょう。うっかり空欄を残さないように…
父親の名前は？
ガレットデロワの王様を決めるのが…
先でしょ？
申し訳ありませんが、仕事中ですから食べ物は…
「父の氏名」の欄にはなんと？
5分後
父親はいないと言っているでしょう！
空欄を埋めなければならないんです！
おやつまだなんだよね
食べようか
お母様、書類は全部埋めて完全にしなければならないんです！
ああ、そうですか！どうせ私は不完全ですよ！
もっと後
何が足りないか一目瞭然でしょう！
さくらんぼみたいでいいわ！
母
ターラ
さくらんぼ？不真面目な！
結構です！
施設措置の再検討必要かしら⁉
ちょっと失礼。行かないと…
もひろん
ペンをください
ここに枠を加えましょう。この枠はエデュケーターです。エデュケーターが私を守り、母と暮らすことを可能にしてくれます
この通り
親身で頼りになるおとなたちによる見守りの枠です
エデュケーター
つまり
母子の関係性に第三者が加わるわけです
これ基本
さらに解説が必要ですか？
彼が王様ってこと？
引き受けてくれる？
誤解しないでね。象徴的な意味しかないから

エデュケーターにできること

今日はパボが初めて家に来る日
大雪だから来ないかもって思ったけど…
ママが道で拾った
ガラクタは全部処分した。
印象は大事だもんね
部屋が広く見える
っていうか…
これが普通よね
目的はターラが家で暮らせることです。
そのためにお母さんが適切に判断し、
課題を解決していくことが大事になります
わかってる？
「親をすること」
とは？って…
話をしてるん
だからね
ターラにはいつもびっくりさせられるよ
私はエデュケーターが親代わりだったから。
ジョニー・デップとヴァネッサ・パラディの間に
生まれてたら、今頃ハリウッドなのに…
ついてないよね
ほーら！安心でしょ。
ターラはなんでも知ってるから心配しないで。
私が何かできないときはターラに頼むわ
それが問題
なんですよ…
ターラが親の
役割を担っちゃ
ダメなんです
言ったじゃない！
お姉さんぶりすぎだって！
お姉さんぶってる
わけじゃない！
説明してるだけ！
何回も何回も
説明しないと
いけないの！
私は自分のことも
しなきゃ
いけないのに
責任は
2人分…
だもん
でもこれからは大丈夫なんでしょ？
私が子どもらしい暮らしを満喫できるための
方法があるんでしょ？
へ？
方法ね…
一緒に考えよう。
一緒に模索して
見つけて
いこう…
ターラが子どもらしく過ごせるように
手伝うから…ターラも僕が…
えーと…
その…
おとな？
おとならしくいられるよう
手伝う？
子どもの私が？
そうなの？
まさかね？
え？
まさか…
怪しい
もんだわ

新しい学校の初日
順調。先生は何も言わなかった
私も引っ越したとしか言わなかった
リーン！
「施設の子」ってレッテルはゴメンだわ
パボが学校終わりに迎えに来るって
そんなことしたら、みんなに知られちゃうかも。パボって無神経なのかな…
この子はマドレーヌ。通称マディ。隣の席で優しくて何でも貸してくれる
今日はこれまで
マディの口癖は「ママが言うには」。ママはお医者さんなんだって
エデュケーターとは無縁の人種
この2人はディランとキリアンの兄弟。冗談ばかり言ってる人気者
運転士と天使の違いは？
えー
ウンがない
私のお迎えがエデュケーターって知られたらどうしよう？ワケアリなやつ決定じゃん
自分のお迎えを指差すまで校門を出てはいけません
どうしよ…
君たちいつも最後だね
お母さんが迎えに来るの？
私？
いや
じゃ誰？
えーと…
私の…
パボ!!!!!
遅いよ
おやつはシュケット＊かな
え…
ターラも一緒なの？
シュケット買ってきたよ
はぁ
パンオショコラ＊＊は？
学校はどう、ターラ？おやつ食べながら教えてね
うん
え、待って…3人の友達ができて、3人ともエデュケーターつきの似た者同士ってこと!?
おいで
あとで家に送るからね
迎えに来るのはお父さんとか言わなくてよかった！
うん！

＊シュケット：小さなシュー生地にあられ糖をまぶして焼いたお菓子。パン屋さんの定番
＊＊パンオショコラ：クロワッサン生地にチョコレートが入ったパン

おやつ食べてて
すぐ戻るね
パボって どんな ひと？
最高！
べつに そんなに 会わないし
親とはよく話してるみたいだけどね
効果 あるの？
ないよ
でもおやつ出して くれるから
お出かけも あるし
みんなも 親のこと 困ってるの？
ウチはケンカ。 よくある話
あ!! DVってやつね！
バン！ バン！ バン！
でも なんでご両親 ケンカしてるの？
それ 聞い ちゃう？
う〜ん…
母さんによれば、父さんが最低だからだし、父さんによれば、母さんが大バカだからかな。子どもは気をつかうんだぜ。母さんの前では「父さんは最低」、父さんの前では「母さんは大バカ」って…
ときによって 使い分けてね
そっか アツイね
間違えたら どうなるの？
そりゃ めちゃくちゃ 気をつける
よくよく 考えないと
でもパボが仲直りさせてくれるんでしょ？
いやいや
ムリ!! 絶対ムリ!! 絶対同じ部屋には入れない。 じゃないと、ばぁぁぁん!!!
でも 前はね
ずっと前は…
恋人同士
…
ディランが生まれる前はね。 生まれてからは予想外の展開
2人は 破局寸前…
あーあ いつも同じ話
だから2人は 僕をつくった！
カップルの存続の ためにね！

帰り道のカバン

カバン持ってくれてありがとう
なんてことないよ
自分で持てるのに
手ぶらで歩くなんて裸で歩いてるみたい。変な感じ
バカンスみたい！
それにしても重いね
やっぱり
みんな優しいのは最初だけ。最後には文句に変わるんだから。パポの優しさはあっという間だったね
文句じゃないよ。僕でもこれだけ重いんだからターラにはさらに重いんじゃないかって…
それだけ
さに重いでサラオモ。なんつって…
やだ
えぇ?
そんな言葉、イヤ
そんな言葉は使わないから
さらに重くてサラオモ、悪くないんじゃない?
そんな言葉を作る必要ない
若者言葉っぽくていいじゃん
そういうのがオモイんだって
子どもみたいに話したいおとななんてマヌケだよ
いずれにしても子どもに媚びた話し方は大嫌い
がっかりする
ターラは飛び抜けているとこがあるよね すごいって自分でわかってる?
あはは！
それこそオモイ本を読んでるから
ほら、やっぱりサラオモじゃん
あはは！そうかも

あーあ、明日は水曜日、
アクティビティの日だわ
好きじゃないの？
私はママと
「瞑想ぬりえ」を
習ってるよ
何それ？
ぬりえをするんだけど
線をはみ出たら褒められるの。
意識を解放している表れで
それが内なる喜びを見つける
入り口になるんだって
ターラのアクティビティは何なの？
私はママとソーシャルアクティビティ
何それ？
その日に
よるけど
まず
職安に行って…
職業安定所
精神科に
行って…
医療心理センター
ソーシャルワーカーに会って…
社会福祉事務所
マルチ活動と
言ってもいいね
そこに行って何するの？
うつっぽい人たちと
おしゃべり？
内なる喜びを見つけるのに
役立つの？
あーっはっは！そんなわけない！
ソーシャルアクティビティの
担当者たちの顔を見たら
すぐわかるよ
内なる
喜びなんて…
この人たちの…
専門じゃないって！
どっちかっていうと人生は喜びじゃないって
伝えるのが仕事なのかも
きっとパッとしない
人生なんだろうね。
だからこそ暗い話が
得意なんじゃない？
悲しみの
専門家ね！
ほんとそれ！
だからその人たちの気分転換に
ママと雰囲気作りしてあげるの！
ママも観客ができて
喜ぶしね
担当の人たち
きっと水曜日を
楽しみにしてるよ！

私の児童相談所の担当は障害の担当と仲が悪くて、障害の担当は私のクラス担任といまいち、そして担任は私の主治医と微妙…
あぁ
ステップファミリー＊みたいなもんだね

＊ステップファミリー：子どもとともに結婚や同居をしてできた新しい家族のこと

パポは
私以外の3人も
担当してるん
だよね？
そうだね
じゃ、教えて！
みんなの両親は
どんな人たち？
酒飲み？
暴力もあるの？
あはは！
職業上の
守秘義務で
話せないんだよ
あーあ！いっつもそれね！
普通の家族では
子どもは
おとなたちの話を
聞いて育つのに
私たちはいつも
守秘義務で
がんじがらめ
なんだから
ターラだって僕が
君のことを人に
言ったらイヤだよね？
ね？
ワカケホンセイ
インコ
生息地
私の秘密は
ママが握ってるから
私について話す
ことなんて…
ワカケホンセイ
インコ
生息地
ない
もん
わぁ !!!!
どっか行って !!
ワカケホンセイ
インコ
生息地
BAM!
BAM!
ターラ、追い払わなくても…
ママは父について
何か言ってた？

待ってって
本当に何も聞いてないよ
いつもはぐらかされるんだ
ママが言ったってどうせ守秘義務で言わないんでしょ？ずるいから
その場合ターラに話すようお母さんを説得すると思うよ
ふーん
パパが連続殺人犯だったら？
子どもを切り刻んで鍋にした人だったらどうする？
最悪ドナルド・トランプだったら？
すごい想像力だね…
どうしてそんな話思いつくの？
どうして？そんなのわからない
勝手に思い浮かぶの
さすがにトランプはないかな
どうせママだって変なこと並べると思うよ
ターラにはなんて？
ユニコーンに仮装した宇宙人が父親だって
わお！
ツノが一本のユニコーン
お母さんの妄想はフリってわけでもないのか
そう…
だから私、心配なんだよね…
ママの遺伝子を受け継いでることが

休み時間ですよ
楽しんできなさい！
なんでおとなって
こうなんだろうね？
楽しめ…
楽しめ
って！
やたら
こだわるけど
何して楽しむ？
サッカーは禁止だけど…
わざとボールをぶつけた
みたいに言われてさ…
楽しかったのにね
そうだよ
ボールは
たまにあたる
ものだよ
ケンケンパ
があるよ
この消えかかってるやつ？
どう遊ぶの？
石を投げるとか？
これで楽しめ
って？
おとなも一緒に
遊んだら
絶対楽しい
のにね
きっと先生たちケンケンパが
楽しくないって知ってるんだよ！
どうせ職員室のあったかいところで
ゆっくりしたいんだろ！
だね
なんて騒ぎなの！
もっと遠くで
遊んできなさい！
わ！
遠くだって
もっと遠くには
ケンケンパも
ないけど
ここなら
いいんじゃ
ない？
何もない
コンクリートに
ようこそ
こんなの
偽善だよ
これであとで
「楽しかった？」
って聞くんだよ？
私たちが
楽しいかどうか
なんて気にも
してないくせに！
「楽しんでね」の本当の意味は
「もっと遠くに行けよ」っていう
命令だから
だまされちゃ
ダメ
それでいざ楽しみ始めると、
「そろそろ勉強の時間よ！」
って言ってくるんだから
「お風呂入ってきなさい！」
「もう寝る時間！」とか
そう
そう！
水曜日＊のんびりしているときに限って
ウィ…ウィスチウェスキ…のとこに行けって
言語聴覚士は
ポーランド人なの？
そう
ムズ！
リーン!!
集合！
ほらね
いつもこう
禁止ばかりの中で
楽しめって…
言う通りにしたらバカをみるだけ

＊水曜日：フランスの小学校では水曜日は午前しか授業がない

未来がないなら
学校に
行かない！
気候変動へのアクションを求めて
ストライキしよう！
地球を
守ろう
晴れの日が
増えるなら
いいじゃ
ない？
地球を
守ろう
小学校
自由　平等　博愛
寒いのは
うんざり
もうコートは
飽きたよ
温水プールもだいたい
壊れてるし
すごく深刻なのよ。
ガラクタを作るために
石油を燃やし続けて、
北極も南極も
溶けてきてるんだから
そのうち海が
溢れ出すよ
小学校
だから何？
海嫌いなの？
泳げない
とか？
ここも海に
なったら
サイコー
じゃん
北極も南極も地球が丸かったらの話でしょ？
ママが言うには、あれはおかしいって…
マディはママの話
やめなさい。
おとなは無責任だって
わかってるでしょ？
ママは最高なんだから！
何でも知ってるの！
いつも正しいの！
いいおとなだって
いるよ。
キックボードを
貸してくれたり
おとなが
いなきゃ
プレゼント
もらえない
じゃん！
私のママは
完璧な人よ！
それこそ問題なの！
プレゼントにおもちゃにゴミ…
みんなのプラスチックを
クジラが食べてるんだよ！
そういう全部諦めて！
貧乏な家は
諦めるものも
たいしてない
だろうけど…
リーン
授業が
始まるから…
SAUVONS
LA
PLANÈTE
ストしたらインスタの
ビュー数が増えるぞ！
発展を
やめるか
死か
ママと海を
バカに
しないで
言い方
次第だよ
小学校
STOP
冬が
なくなる
気候変動
みたいに
僕たちは熱い
金星には
住みたく
ない
Pevo

信じないだろうけど
私、有名人になるの
一度きりの人生、無名で苔むして過ごすなんてイヤ
ポスターの一番上に名前が載るの
スーパースターよ！
みんな私のこと話題にする
ターラ！
へぇ
で、何で有名になるつもりなの？
「何で」なんて20世紀的発想だわ
とにかく有名になるの
有名っていうのが頭の上から降ってくると思ってるの？
そりゃ運がいい
覚えておいてよ
私が有名になってから「僕がエデュケーターです。彼女の成功は僕のおかげ」とか絶対に言わせないから
マエリス 8才 結婚式で誘拐される
恐怖の館 地下室で拷問された 13人の 子ども
ムゴリー君の 捜索 追加情報 現る
僕が悪かった。さっきの話は忘れて
ターラにチャンスはある
人生何が起こるかなんてわからないから
METRO
君のエデュケーターだったことを決して自慢したりしないよ！

父親が誰なのか、そろそろターラに伝える時期ではないでしょうか？
同じことを何度も言わせないで。ターラにはもう伝えてるんだから
宇宙から来たユニコーンの話？
そう
2分だけ真面目に話してくれますか？ごまかしは子どもをがっかりさせてしまいますよ
たしかにユニコーンかどうか確証はないかも…
おっ？
原始人もいたしね
え？
ナポレオンも
チャップリンも
くまのプーさんも
わかった！
仮装パーティー？
ビンゴ！
楽しかったわ
薬を飲むようになったのは最近
薬って言っても精神科で出された薬ね
薬を飲み始めてから元気がなくなる一方で残念だわ
人生灰色になっちゃった
あんまりだわ
前は花火のような人生だったのに、今の私はモラルに縛られて悲しみの生活。あなたたちみたいにね…
モテモテだったのよ
妄想じゃない、ほんとよ
ミュージシャンともめくるめく週末を過ごしたわ、みんなが私にアツイ視線を …
やっぱりユニコーンのままにしておきましょう
ねえ！どう？話し終わった？
もう降りていい？
5分以上楽しめるシロモノじゃない
いいよ、降りてきて
どうかしたの？
急にビクビクしてるみたい
そう？
いや、どうして…
いやいや
大丈夫？
何の話したの？
あなたのエデュケーターにスポンジボブの衣装をあげるって言ってたのよ
？

ル・クレムラン＝ビセートルへようこそ

ここはル・クレムラン＝ビセートル*
みんな頭文字をとって KB（カベ）と呼ぶ
私が生まれた場所
ル・クレムラン＝ビセートル
ようこそ
出生届を出すとき ママは間違えて…
名字の欄にカベという町の名前を書いてしまった
だから私の名前はターラ・カベ
LYON
私のママはいつもこう
信じられないようなことが本当に起こる
200メートルずれてたらターラ・パリという名前になれたのに！
残念すぎる！
施設に住んでいたからここら辺のことはまだよく知らない
これから開拓する
PARIS
正直言うとちょっとがっかりな場所だと思う
第一、道路しかない
ぶさいくな大きい道路が…
いっぱい
道路と道路の間に人が住み始め、やがて町になった
周りはみんな前進していて私たちは置いてけぼり
国中の道路がここに集合してるみたい車もいっぱい
この町は大気汚染の中に閉じ込められている
高速道路 A6
AUTOROUTE A6
PÉRIPHÉRIQUE
環状高速道路
国道7号線
NATIONALE 7
私が遺伝上の父に似ているかはわからないけど、環境に閉じ込められているところはこの町に似てる
ここは危ないから気をつけて
ママと一緒にいて

＊ル・クレムラン＝ビセートル：Le Kremlin-Bicêtre（KB）。パリ南東の郊外にある町で著者のパボが現在も住んでいる

ここは通称「花の町」。
でも私ならそうは呼ばない
ル・クレムラン
=ビセートル
Ville Fleurie
緑好きの人に
オススメな
スポットでは
ない
もちろん
動物好きにも
歩けばわかるけど、
この町はケバブ屋と
肉屋がやたら多い
動物はいても
どれも死んでる
GRILLADES
SPÉCIALITÉS TURQUES
KEBAB
SUR PLACE OU À EMPORTER
ケバブ屋
ROYAL VIANDE
BOUCHERIE
肉屋
ケバブ屋
肉屋
ケバブ屋
肉屋…
肉の町と呼んだほうが
いいくらい
なんでか知らないけど、
ここの人は肉が大好き
ビーガンが革命を起こしたら、
バスチーユのように＊
攻撃の的になると思う
ESPACE MA BOUCHERIE
ESPACE MA BOUCHERIE
でも今のところビーガンは
環状高速を乗り越えて
こっちまで来ていない
ビーガンはパリを出ないから
KB 市民に食われることを
恐れてるのかも
PARC
PINEL
ママとピネル＊＊公園に
よく行く
精神科医の名前が
ついてる
たまたまだけど！
公園には鳩が
たくさんいる
この町で生き残っている
唯一の動物
しかも全然健康じゃなく
半分病んでる
RRR
RR..
KKFF!
だから誰も
食べないんだと思う。
捕まえるのは
難しくないのに
しかし鳩って
賢くは
ないよね
え？
事実だから
仕方ないだろ
PAVO

＊バスチーユ：1789 年 7 月 14 日にパリにあったバスチーユ監獄を民衆が襲撃し、フランス革命が始まった
＊＊ピネル：フィリップ・ピネル（1745－1826）。精神医療の改革を行った医師。ル・クレムラン＝ビセートルにあったビセートル病院で、鎖に繋がれていた患者たちを解放し、人道的な治療をおこなった

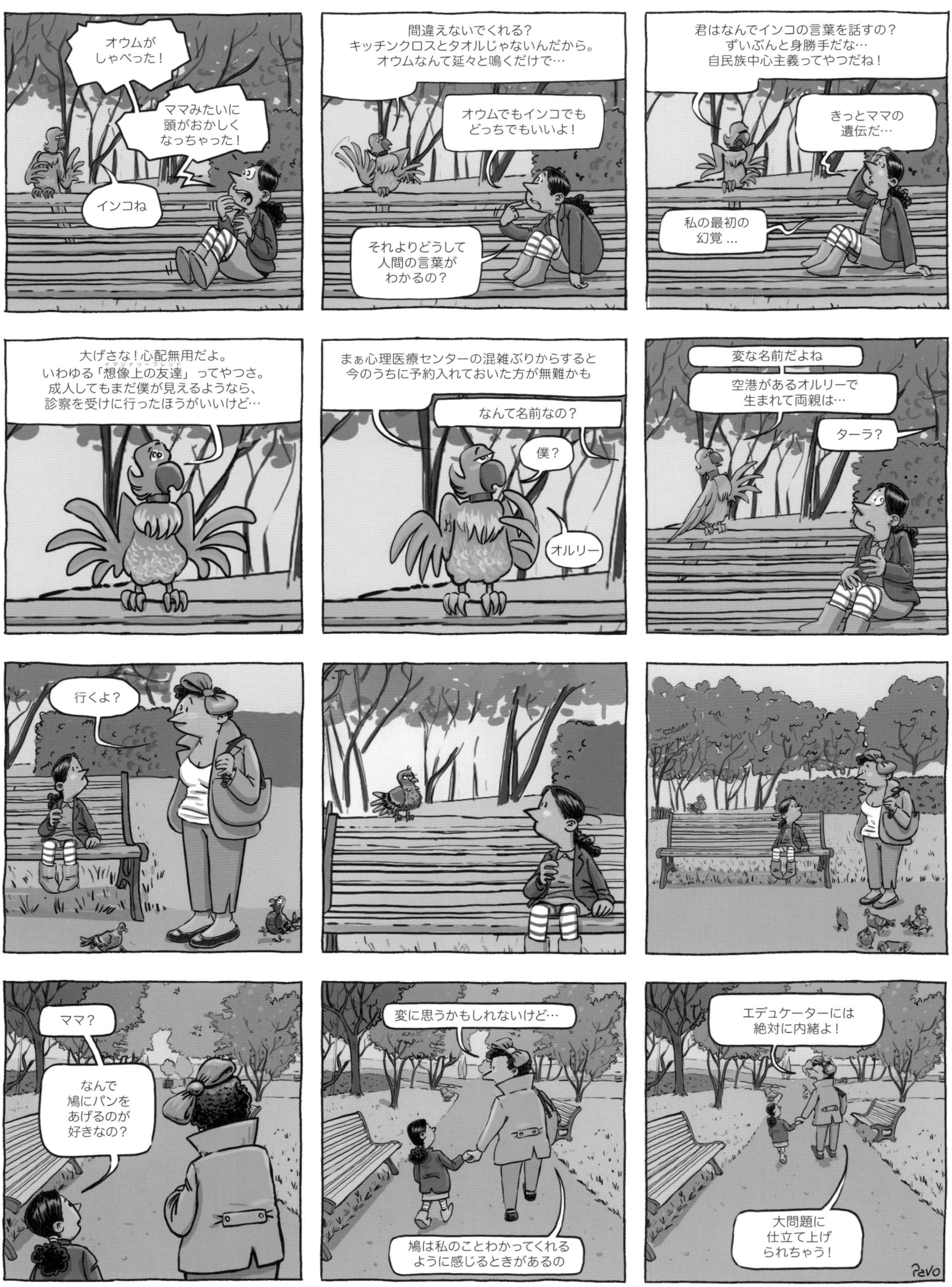
オウムがしゃべった！
ママみたいに頭がおかしくなっちゃった！
インコね
間違えないでくれる？キッチンクロスとタオルじゃないんだから。オウムなんて延々と鳴くだけで…
オウムでもインコでもどっちでもいいよ！
それよりどうして人間の言葉がわかるの？
君はなんでインコの言葉を話すの？ずいぶんと身勝手だな…自民族中心主義ってやつだね！
きっとママの遺伝だ…
私の最初の幻覚 …
大げさな！心配無用だよ。いわゆる「想像上の友達《イマジナリーフレンド》」ってやつさ。成人してもまだ僕が見えるようなら、診察を受けに行ったほうがいいけど…
まぁ心理医療センターの混雑ぶりからすると今のうちに予約入れておいた方が無難かも
なんて名前なの？
僕？
オルリー
変な名前だよね
空港があるオルリーで生まれて両親は…
ターラ？
行くよ？
ママ？
なんで鳩にパンをあげるのが好きなの？
変に思うかもしれないけど…
鳩は私のことわかってくれるように感じるときがあるの
エデュケーターには絶対に内緒よ！
大問題に仕立て上げられちゃう！

あの人誰？
現実の友達だよ！

あーら、器用ね！
手品みたい
おみごと
うちのマディとは真逆！
壊してばかり
あ…どうも
この度はおやつに呼んでいただき…
お行儀もいいのね！
新鮮だわ
マディはいつもめちゃくちゃ、お行儀の悪さと言ったらね！
成績もいいんでしょ？
そうですね
クラスで１番よ！
あらそれは！お母様はラッキーね！
マディなんて学校から持ち帰るのはバイ菌くらいのものよ
この冬なんて３回も気管支炎になってね！
それで？あなた、気管支炎は？
え…いえ…
お母様は本当にラッキーね！マディときたら…
何か流行るたびに持って帰るからね
菌ばっかり寄せ付けて…
ターラ、ケーキのおかわりは？
はいください
あら、うれしい！
マディは嫌いなものばかりで難しいのよ
結局全部私が食べるの。もううんざり
そんなことないよ。私ももう１つほしいな
珍しいわね！
反抗期？
あとで太っても知らないよ！言っとくけど男は尻の大きい女を嫌うんだからね
ターラのお父さんは出産後も妻をちゃんと女性として扱うでしょ？
それが父親は誰だか分からないらしくて…
やっぱり…
お母様はラッキーね
ね、うちのママ優しいでしょ？

いかがされた？何ごとか？
ほっておかれよ
さらに気になる
ではないか
あっちへ行くがいい
何を急に
怒っているのだ？
ただ
怒りたいのだ。
何も聞きたく
などない
突然のことで
理解ができぬ
僕のせいだとでも
言うのか？
しかり
この
恥知らずめ
心にもないことは
言わない方がいい
難しい顔で
腹をたてるな
おかしくて
たまらぬ
へらへらとお世辞を述べ、
悪事を犯す連中ばかり…
不正に私利私欲…
裏切り
悪だくみ
人間に恨みが？
しかり、人間が憎い！
わけわかんない
「教育的お出かけ」で
なんでこんなことに
なったの？
人間嫌い*
劇の選択を
間違えたんだろ
すっかりその気に
なってるよ
Revo

＊人間嫌い：1622-1673。コルネイユ、ラシーヌと並ぶフランス古典主義演劇の重要な作家。『人間嫌い』は 1666 年に発表された

パポまでやめて！
母の日に贈り物をするのを提案しただけだよ
検討くらいしても…
そんなのバカみたい
商業的なイベントでしょ
私は反対！
お母さんが欲しがってるものにすればいいよ。何か実用的な…
双極性障害用ヒーリンググッズ？
『誰でもなれる母親入門』の本？
それから…
心をこめて考えてほしいものだね
ものを買うのがイヤなら、手作りは？手芸専門店に行ってみる？
よくも思いついたね。学校の先生みたいな提案だよ
エデュケーターは子どものためじゃないの？
詩を贈るとか？
やめないと叫ぶよ
もういいよ
ターラが決めることだから
施設にいたときから大嫌いなの
母の日なんて親と離れて暮らす子どもには悪夢だよ
今はお母さんと一緒じゃないか。きっと喜ぶよ
わかってないね！
ほんとにイライラしてきた！
施設時代、何度プレゼントを用意して待ったことか！それなのにママは会いに来るのを忘れたんだよ
全部話してほしい？
いいけどね！
母の日を祝わないと…
問題かな？
施設に戻される？
ママがダダをこねる？
紐とマカロニをください
首飾りを作るんで
Pavo

ママが
いなくなる
何の
前触れも
なく
こんなの
耐えられ
ない

※ 2019年 4月15日、パリのノートルダム大聖堂で火災が発生し、尖塔と屋根が崩落した。2023年現在修復中。
ノートルダムとは聖母マリアのことで、ここでは母に重ねられている

Céline
BEYONCÉ
FLAP FLAP
わ！
登場の仕方 おかしいでしょ
窓閉まってるのに どうやって入ったの
壁を抜けた？
設定上、僕は君の 想像上の友達で、 君の無意識の投影なんだ。 孤立やストレスを感じる 家庭環境に適応する 戦略のようなものだね
それで？
だから
壁も 通過 できる
来る前に連絡してよ。 びっくりするじゃん。 親に教わらなかった？
親なんていない
そもそも 僕は 君の想像 だからね
そっか
僕が来るのは 君が必要と したときさ
他のときは 何してるの？
仕事？
なん だって？
あまり来ないけど 忙しいのかなって
他の子のとこ にも行くの？
いや
いい暮らし じゃん
時給制なら やってけないね
給料はない。 ボランティアさ
自分の 自由時間 に来てる
この辺であんたが必要な子は 他にいないわけ？
ル・クレムラン＝ビセートルで？ こんな夜中に 想像上の熱帯鳥類と 話したいと思ってる 絶望的な子なんて 滅多にいないよ
ニーズがどこにでも あるわけじゃない
正直こんな活動 とてもオススメできないね
あっはっは
いいね
安心したよ
おもしろい返しができない 想像上の友達なんていらないけど
あんたのことは 好きだよ

教育的話し方

進めよ！前が見えてないのかよ？
やだなー
エデュケーターなのに口が悪いよ
おっと！
いつも口が悪いわけじゃないぞ
ありのままの姿でいるのは…
教育的にも価値があることなんだ
え？
僕にだって感情がある。自分にとって一番適切な感情表現を選んでいいんだ
現実に即して
自分を偽らず
悪い言葉遣いをする正当な理由があるって言いたいわけね
そうそう
でも模範的な話し方で
悪い表現を使わずに話すこともできるでしょ？
そうはいかない
例えば「場の空気を読まないと周囲を苛立たせてしまうよ」と話すのと、
「5分ごとに話しかけるなよ」と言うのでは全然効果が違うだろ
たしかに違うね。もっと直接的
ほーら
ありのままの関係性であると感じられるわ
ありのままの言葉を使うことで僕はあえて自分の本当の感情を君に共有しているんだ
君は僕の感情にアクセスできる
貴重なものを分け与えているとさえ言える
私もありのまま伝えるね。「中身が空っぽで本当にくだらないけど、とはいえ貴重なものを分け与えてくれたんだね」
ありがとね！
いえいえ…
これも仕事ですから…

エデュケーターと親の協働

今日は なんだか 機嫌が いいじゃん
研修のおかげさ！「家族の持てる資源」についての研修に行ってきたんだ
やる気に満ちてるよ
新しいことを学ぶと世界が違って見えるよね。時には日常と距離を置かないと
理論と実践の対比がおもしろくてさ
児童保護の実務家と、子どもが保護されている親たちの団体が主催してるんだ
実務家も親も一緒に登壇して…
それぞれの視点から発言するんだ
貴重だったよ
ふーん
しかも、本当に的を射ていたんだ
この職業は距離をもって接したらだいなしになる
エデュケーターの原点に戻らなきゃ
つまり？
もちろん関係性さ！親密な時間を共にし愛情を持って関わる
ありふれた理論って感じだけど
いや具体的なことだよ。ケース会議はすべて親たちも一緒におこなう
報告書も親と一緒に書く
いろんな活動を共にする
親も一緒にバカンスに出かける
DING DONG
おかえり。お散歩は楽しかった？ママのことを話してたんでしょ？
ある意味…
パボが親と協働する計画をたてたんだって
そうなの？
ええ…
どんな計画？
3人で海にバカンスに行くんだって！
ほんと！信じられない!!
えーと
すてきなアイデア!!
パボありがとう！
それじゃあさっそく水着を買いに行かなきゃ
いやその…
またね！
ガチャ
海…
お母さんと!!

教育的バカンス

１本とられたよ
研修で習ったことを実践したかったんでしょ？
うむむ…たしかに…
私もみんなと同じようにバカンスに行きたかったの
先に相談してくれよ
だって…
相談したら市のサマーキャンプに行かされかねないじゃん。地元のワケアリなやつらと一緒なんて嫌だから
そういうことか…
だから先手を打ったの
さあ、行きましょう!!
冒険へ出発！
軽くなるようにカゴバッグ１つに収めたの。持ち物は水着と日焼け止めだけ！
人生最高モード！
ターラの荷物は？
え？
あらまぁ！悪いママね！すっかり忘れてたわ！
セリーヌ・ディオンかけていい？
音楽が必要よね？
話を逸らさないで。バッグを忘れるのとそもそも準備を忘れるのじゃ大違いですよね。ターラには頼れるおとなが必要なんです
セリーヌって…
せっかくのバカンスを倫理の授業オンザビーチにするつもりじゃないでしょうね？青空教室はやめてよ…
ね？
もうセリーヌ・ディオンかけていいでしょ？この静けさ耐えられない。落ち込みそうだわ
セリーヌで紛れるんです？
セリーヌしか気が紛れないわよ
薬を飲むのやめてもいいのよ
どっちがいいかしら
理解したわ、すべての言葉をわかったわ、ありがとうもっともね、新鮮だわここから…＊

＊セリーヌ・ディオン「愛をふたたび（Pour que tu m'aimes encore）」

ターラ？一緒に砂のお城を作ろうよ
えー
お城とかプリンセス好きじゃないの
いつもだいたい同じ話でしょ。お城に幽閉されたプリンセスを王子様が助けに来る…
#型にはまったやつ
う…
設定を変えてみたら？
幽閉された王子様を助けに来るプリンセスってのはどう？
基本構図の逆転？
モダンだろ？
気に入るんじゃない？
同じ話を逆にしたところで前向きなメンタリティにつながるとは思えないんだけど…
結局、共依存の無能カップル
深刻に時代遅れ
人間性の厚みがほしいよね
あら…
愛の話、私は大好きよ！
もともと砂のお城を作りたかっただけで…
そうだ
プリンセスがエデュケーターたちに100年間幽閉されてるってのはどう？そこに母親の女王が迎えに来るけど
すっごい待ったって話
だったらこうしない？幽閉されてるのは女王で助けにきたエデュケーターが女王と恋に落ちる。2人はお城で一緒にプリンセスを教育する
いい話でしょ？
さて…
足漕ぎボートに乗ってこようかな
しばし
1人で

児童保護バリア

紫外線に 気をつけて ターラ
ばかにしちゃ いけないよ
ちゃんと自分の身を 守らないと
肌に一生跡が残ることがあるんだから
頭も 痛くなる しね
ほら！
紫外線 保護レベル 50
保護っていうのが だーい好きなの ね！
あっはっは
普段は日焼けより 虐待の傷跡の方に 関心があるのにね
よく わかって るね
体にも頭にも 影響が残るのは 同じだね
そうね
だけど そこで気に なるのは
児童保護という点で パボはレベルいくつ だと思う？
完全には 無理でも 40くらい かな？
あはは！
いやいや 真剣な話

何書いてるの？
新学期が始まる前にするべきこと。忘れないようにね
何それ !?
登録しておくこととか、持ち物とかいろいろ
ありえない！
ストレスばかりでイヤにならない？少しは楽しみなさいよ！
ほっときな！
私みたいに過ごしたら。ママは新学期のこと気にしてないわよ
私、ママとはちがうもん
それよりも、マニキュアしない？ママはターラくらいのときお化粧大好きだったわよ
私は好きじゃないの
新学期手当入金されてたでしょ？
入ってたわよ！
ちょうど、そのお金で美容院行って、ワンピース買って、ダンスパーティーに行こうって思ってたの
友達みたいでいいじゃん
ママ！
そんなことしたところで男にモテるわけでもないのによくやるわね
もうあんなママ無理 !!! もう無理 !!!
あの子ったらまじめで計画的で…私の真逆だわ。私への当てつけかしら…
そんなことないですよ
ターラは安心感を求めているんです
だからなんです
お母さんが子ども任せだと、子どもは人一倍責任感が育ちます。逆にお母さんが責任感を見せると、子どもは安心して育つんです
ほら、やっぱり
私に似ないようにわざとしてるのよ！

今こうしてるのも パボにとっては仕事？
そう だよ
ずいぶんめずらしい 仕事だよね
うん
石のベンチに座って いるだけ？
そう だね
それで？話すの？
いや
話す必要はないよ
じゃ、座って待つだけ？ ベンチに並んで？ これで私、良くなるの？ 問題解決 できるの？
うーん
エデュケーターになる学校で 習ったはずでしょ！ 具体的にどう助けてくれるの？ 何か改善すると思えないんだけど
エデュケーターになる学校では 習ってないな…
僕の父が こうしてた のかも…
お父さんまだ生きてて もっと教えてくれれば よかったのにね
そうだね 残念だね
すごいね…
効果ある みたい…

何してるの？
宿題だよ
割り算
え？
何か手伝える
ことある？
大丈夫、
簡単だから
そう
キラキラペン貸して
あげるわよ、もっと
かわいく書けるから！
え!?
そっとしててくれる！
宿題終わらせたいの！
あのね、ママ…
いいお母さんになろうと
してくれてるのは
わかってるの
ほんと？
うん…
うれしい
よ
あら…
そう
言ってくれて
うれしい
本当だもん…
ほらだからパジャマに
着替えて歯磨きしてて
今行くから
うえーん！
私も努力するから…
ね？
私も努力
するって…

好きな科目は何？
哲学
そんな授業
ないよね？
ある
10年後ならね
TAP
TAP
TAP...

お母さん変わってるね…
そうね
あんたの親はどんななの？
あまり知らないんだ
オルリー空港でケージから逃げ出して僕を置いていったから。愛着を形成する時間もなかった
追いかけるには羽根が小さかったし
どうせピーナッツを独り占めするタイプだったんじゃないかな
それでどうしたの？
ヨーロッパに１人ぼっちで羽根も十分ない小さなインコが…
最初は尾の付け根が寒かったさ
でも地球温暖化でもう大丈夫
実は児童相談所にいたんだ
？
飛べるまでは児童相談所
見つかった空港にちなんでオルリーって名前をつけられた。シャルル・ド・ゴールよりはマシかな
そりゃバカにされるさ
それから？
里鳩のところに措置されたのさ
いい里親だった？
わかんない
長くはいなかったから
そう？
うん…
里鳩を何カ所か転々としてさ
それで？
どこも長くは続かなかったよ
その後は？
また他の里鳩のところだよ
本当？
何カ所くらい経験したの？
数えたことはないけどね
愛着が育ちすぎるといけないからって何度も離されるんだ
結果は？
うまくいったよ…
鳩嫌いにはなったけどね！

エデュケーターをする動機

なんでパボはエデュケーターになることにしたんだろう？理由もなしにこんな割に合わない職業を選ばないよね
たしかに不思議
俺らのこと心配して、あれこれ手伝って、俺らのこと支えて、たくさん褒めてくれて…裏に何かあるに違いない
お金のためじゃないもんね。安月給だし
何か後ろめたいことがあるからだと思うよ
例えば？
過去に何かひどいことして、カルマの清算をしてるとか
わかった！自分の子どもを森の中に捨てて、その子どもが狼に食べられたとか！
ないとも限らないね
それか子どものとき虐待されていたから自分の子ども時代を慰めるために今こうしてるとか？本当は俺たちのことなんかどうでもよくて、自分自身を築き直そうとしてるんだよ
ないんじゃないかな…
人生に満足しててそんなに苦労してない感じだもん
もしかしたらそれこそが鍵かも。恵まれた暮らしへの罪悪感を和らげるために私たちに優しくしている…
違うでしょ！パボが私たちに関心があるのは、私たちが愛らしいから！価値があるから！サポートしたら大きなことだって成し遂げられると心の底から思ってるからでしょ！
それは完全にSFの世界だわ

教育的外食

お嬢さんがジュース、パパがビールね
違います
えぇ?
お嬢さんがビール?
いや、パパではなくて…
まあ、いいです
違うの?
じゃああなたたち いったいどういう関係?
え? どうって…
エデュケーターと担当の子どもですよ
どうだか…
いやいや
僕は本当にエデュケーターです
じゃあご専門は?
特に何も!
何の専門でもない?
じゃ何者?
はぁ
何て言ったらいいか… その…
言うならば…
うーん
わかった!個人情報の保護。それで何も言えないのね?
その通り
守秘義務ですね
守秘義務ね
あらそう…
そう言われると気になっちゃう…
例えば…
すみませんが…
どんな事情があるのかしら…
何も言わなくていいのよ
溺死しかけた難民の孤児…
そう?
あるいは父親がアルコール依存の不幸な子ども…
それとも耳が不自由で話せないとか?
知的障害?
ダウン症?
ダウン症ではなさそうね
いや
どうせ私の話なんてわからないんでしょ??
?
!!
あったまきた!このおばさん、黙らせてよ 今すぐ!!
トゥレット症候群*?
そうなの?

*トゥレット症候群：本人が望んでいないにも関わらず、チックと呼ばれる素早い運動や発声が起きてしまう障害。ウェイトレスは、ターラを怒らせたことに気がついていない

座ってて
切符買ってくるね
このガキにはうんざりだよ！
私も同感、好感持てませんな
いつも自分が中心、自分はなんでも知ってると思っている
そしておとなに説教を垂れる
おやつでも食べて黙ってればいいのに
親は何をしていることやら
きっとおかしな親なんでしょうね
どうせ父親はいないんだろ
父親がいたら厳しくしつけますからな
こんなニコリともしない子どもなんて、普通だと思います？
知能指数が高いんでしょうね
細かいことを言うなっての。いらつかせやがって。まったく育ちの悪い…
グレタ・トゥーンベリめ
グレタ・トゥーンベリについてどう思う？
責任感があって清廉潔白、勇気があると思うなぁ
もっとおとなたちが彼女の話を聞いたら世の中は良くなるだろうに
ありがとう。そう言ってくれて！

ママの現実、私の現実

このアントニー・コレット＊のタイツ姿
セクシーね
何？
ダンサーの
アントニー・コレット
見た？
NOUREEV
そうね
好きに
なっちゃった
NOUREEV
え…？
NOUREEV
たぶん彼も私のことが
好きなんだと思う
は？
なんで？
彼は私を想ってる、そう感じるし、知ってるのぉぉ
感じるし、
知ってる？
だって彼のあのまなざし…
私を誘惑しようとしてる
彼はテレビの中！
ママのことなんか
知らないの！
感じるんだもん
あの目
私に
メロメロ
見ててごらん…
ほら、今私にウインクしたでしょ！ 見た？
ウインクしてきたわよ！
カメラにね！
カメラに
ウインクしただけ！
ちょうど話してたとこに！
この上ない証拠よ！
テレビだって
言ってるでしょ！
スターと踊ろうって番組でしょ！
私の知る限りママは
スターじゃない！
好かれてる、
好かれてる
好かれてない!!
好かれてない!!
BONG!
BONG!
BONG!
あーもう
完全に疲れた！
なんで
そんな
に…
ムキ
に…
あ！
あなたも
彼のこと
好きなの
ね？

＊アントニー・コレット：1995 年フランスのアヴィニョン生まれのダンサー、振付師、俳優

もううんざり！
話しても意味ない！
FRAGILE
BLAM!
もう怒った！
すごく怒った！
BANG!
RRRR
ぐす…
うえーーん
うえーーん
ぐすん
ぐすん
また始まった。
ママがおかしく
なっちゃった
エデュケーターに
言ったら
施設行きかも…
やだな
大きくなりたいのに！
いくらがんばっても、結局
私はまだ子どもで…
誰か…
オルリー
聞こえてる？
友達が
必要だよ…
あーあ

POF!!
わぁぁ！
遅いよ！
１時間も１人で
ここにいたんだよ？
私の友達
でしょ？
そりゃ…
まあ…
ねぇ
ちょっと説明が
足りなかったかも
僕はあくまで
想像上の友達
どちらかと言うと…
インスピレーション
インスピレーションは
操作できない
宙に
浮かび
ひらり
はらり
束の間…
現れては
自由に姿を
消す！
ふわっと！
?
ところが思いも
よらぬときに…
予告なく…
キラリ
現れる！
ひらめきの
ように！
雲の晴れ間
や…
発見の
ように…
突然の
気晴らしの
ように…
おっと！
PAF!
こんな狭い場所で飛んだら
痛い目にあった
さて
それで？
僕に
何の用？
え？
えと
私
バカな話
聞いてたら
忘れちゃったよ
もう！
きまぐれ労働！
「ともにあり、
自分自身
たれ」＊

＊ともにあり、自分自身たれ：Simul et singulis。フランスの国立劇団コメディ・フランセーズのスローガン

私有地
立ち入り
禁止
注意
大型犬
建物に
関係ない者の
立ち入りを禁ずる
芝生
立ち入り禁止
遊んでは
いけません
公園、小道、
芝生とホール内
ボール遊び
禁止
自転車禁止
飲食禁止
ピクニック
禁止
侵入
禁止
スケートボード
禁止
世の中禁止ばかりだけど、
私に話しかけるのは禁止されていません！
私と遊ぶのは禁止されていません！
私を…
小学校
自由 平等 博愛
好きになる
ことは…
小学校
自由 平等 博愛
なんなの
これ？
さあね！
ずっと見てたんでしょ？
何か言いたいことがあれば、
遠慮なくどうぞ
小学校
禁止に対する抵抗運動に
余計なことを言うのも、
なんだか野暮だしね
ふんだ！

距離感が重要

先生、宇宙のどこかに生命の存在する場所があると思いますか？
きっとありますとも…
その惑星が絶妙な位置にあればね
距離感が重要です
地球上で生命が発展したのは生命が居住可能な温暖な場所に位置していたからです
地球の軌道が太陽から離れていたら気温が低くなり凍結してしまい…
逆に近すぎたら太陽の炎に焼かれてしまうことになります
全然わかんない
そう？
家族とまったく同じだよ
親との距離が遠すぎて、例えば森で見捨てられたら、寒くて死んじゃうでしょ？
逆に近すぎたら、べったりで暑苦しい。親が子ども部屋にいすわったらきついでしょ
なるほど！
距離がないと親と**合気道**になるってね！
う…
軌道ね、キリアン
軌道
Pavo

もう大きいんだから努力してみて
第1条: 18歳未満は子どもとする
頑張って立派な発表をしてほしいんだ
詩とか歌とか
第3条: ウェルビーイングの権利
言うことは聞いてね
第4条: 権利を行使する権利！
ただじゃおかないぞ！
第6条: 生きる権利！
みんなして！
第7条:名前を有する権利！
終わるまで帰れないからね！
第10条:家族と暮らす権利！
好き勝手言って！
第12条: 意見の自由！
第13条: 表現の自由！
第14条: 思想の自由！
よってたかって！
第15条: 団結の自由！
ご両親に報告するからね！
第16条: 私生活が守られる権利！
こらしめないとな！
第19条：悪い扱いから守られる権利！
第24条：健康と医療についての権利！
第26条：健康保険にかかる権利！
時間はかかるけどやってみようよ
第27条：必要な水準の暮らしをする権利！
学校の宿題は終わったんだね？
第28条：教育を受ける権利！
第31条：遊び休む権利！
第32条：搾取から守られる権利！
飴をあげようかね
第33条：ドラッグから守られる権利！
くすぐりの刑かな
第34条：性的搾取から守られる権利！
重労働を無理強いしようってわけじゃないんだから…
第35条：人身売買されない権利！
第37条：刑罰を受けたり自由を奪われない権利！
こうなったら腕ずくだ！
第 38 条：武力紛争から守られる権利！
イベントの準備は進んでるかしら？
子どもの権利条約締結記念の…
つかまえて切り刻んで冷凍庫に入れてやる!!

BOUCHERIE
VIANDE HALAL
BIP BIP
LA PLACE OUGE
パボ？
ん？
僕のこと覚えてる？
ヤンだよ
ヤン！なんと
立派になって
久しぶりだね
いや
しかし
なんかすごく…
うん
まともだろ？
オホン
紹介するよ。こちら…
ターラ
こんにちは
おじょうさんこんにちは
よろしくね
うん
君のエデュケーターでしょ？
うん
僕のエデュケーターでもあったんだよ
へぇ
君はすごくラッキーだね
なんで？
彼は最高のエデュケーターだからね
僕の人生を変えてくれたんだ
つづく

ひゃー！ 文筆家だって！
すごいよね！
かっこよかった！
あの着こなし！
しかも絶対
いいパパだよね！
そうね
わかる
もん！
希望をくれるじゃん
何もない
とこからの
スタートで
私みたいに
施設育ち
あんなふうに
なれるんだ！
憧れ
ちゃう
わかるよ…
ずいぶんテンション
低いじゃん
どしたの？
むくれて
るの？
別に
何が気に
いらないの？
全部パボの
おかげだって
言ってたし
ヤンのこと守って
くれたって
自信をつけて
くれたって
パボのこと
１時間も
褒めてるのに
にこりとも
しない
悪いけど
失礼だよ！
パボより
ヤンの方が
成功してる
から？
そう
なの？
だって
パボは
ソーシャル
ワーカー
じゃない
わかるよ
こう感じる
べきじゃ
ないって
とっくに
慣れてる
はずでしょ

勉強する理由

学校で勉強しろ、学校で勉強しろって…他に言うことないのかよ！
親なんてうんざりだ！
どうしてそう勉強させたがるんだろうね？
私たちのことが大事だからよ！
早く家から私たちを追い出して自由になるためでしょ
親たちが望んでいるのは、私たちが進学して、仕事をすること。親が世話しなくて済むよう、自分で家賃を払えるようになること
親たちの目標はそこよ！
自立とか言ってるけど自分たちが楽になりたいだけ！
そ…そうかな？
もちろん！仕事は拷問だけど人に煩わされることは地獄！
地獄よりは拷問の方がいいのよ
そもそも人が働くのは他人から逃れるためでしょ
仕事がなきゃ離婚もできない！
独身の贅沢を味わうには仕事しなきゃ！
親を介護施設に入れるためにもね
大金持ちになっても、夢は誰もいない無人島を買って、誰にも煩わされずに、海を見ながらヨガとか瞑想をすることでしょ！
現代の幸せはそれよ！無人島のおへそになること
そのためには学校で勉強しなきゃね！

裁判の準備

明日は裁判だから
練習するよ
施設に戻りたく
ないからね！
私が裁判官するから、
ママは決めた通りに
話してね
はい…
おほん…
それでは
ご自身の視点から
この１年を
振り返ってください
安定した１年でした。
欠かさず服薬していますし、
母の役割を果たすことができ、
ターラはよく成長しています
よろしい
ディズニーの仮装はやめ、
ユニコーンと寝るのも
やめました！
ユニコーンの話は
しないって言ったでしょ！
なぜユニコーンの話をしないのか。
なぜならユニコーンは…
実在しないからです
はい、存在しないから
話す必要はないよね？
そう
いない
ダメ！
ユニコーンは
忘れてね
はい、続きね
エデュケーターは？
母としての日常を
支えてくれました？
エデュケーターのサポートのおかげで
親のありかたについてしっかり
考えることができました。
親身な面談を通じて
娘にとっての現実を
私自身理解し、
娘と穏やかに
暮らすことが
できました
よろしい
それでは同じ
エデュケーターと
在宅教育支援の
更新を希望され…
ます
よね？
はい、裁判官
おそらく彼も
私にぞっこんだと
思います
そのうちターラの弟が
できてしまうかも…
なんちゃって
！
何しろ相手は
人間ですから
裁判官！

夢と現実

ふわぁ…
ママ！
裁判に
遅れ
ちゃう！
早く！
大変！
ママ！
あらあら、どうしたの？
大ピンチ！施設に入れられちゃう
早く、早く！
成人まで児童保護なんてことに
なっちゃう
大変だ！
何を言っているの。
今日はクリスマスよ。
裁判なんてないわ。
そもそも誰があなたを
施設に入れるの？
裁判はないって
どういうこと？
祝日には裁判は
しないわ
え？
子ども専門裁判官の
ママが言うのよ
ママがいるから
安心して
子ども専門
裁判官…
ママ？
ターラ
どうしたの？
大丈夫よ
怖い夢を
見たみたい

クリスマスに悪夢？
さすがだね！
あはは！
それより
遊ぼうよ！
大丈夫そう？
うん…
最高の
雰囲気じゃん
プレゼントも
すてき…
ニュース
です
地球温暖化について計算に
誤りがあったことが判明しました
専門家は
「気温に変化は
ありません」
と認め、
謝罪コメントを
発表しました
年末らしいめでたい
ニュースですね
やった！
そろそろ
お別れです。
家族の皆さんと
幸せな時間を
カチャ
ママも今日は
たくさん
遊ぶわよ！
クイズ
する人？
する！
CLAP! CLAP!
おとな対
子どもね！
僕が
勝つ！
ターラ！
あーっはっは！
ターラ！
おいでって！
何？
私のこと
呼んだ？
…
ねぇ！
ねえったら！
ピィィ！
オルリー
でしょ？
ターラがインコに
話してるよ
ターラ、
やっと
終わったよ！
パパが呼んで
るわよ
サプライズ
じゃない？
わーっはっは！
ついに！やったぞ！
パパ？
ターラおいで！
ねえ
若者みたいに
はしゃぐの
やめさせてよ
ターラ？
どこに
いるの？
ずいぶん
滑舌が良く
なったね！
やった
じゃん
？

これが私の…
パパ？
ターラ！見てみて！『ターラの夢見た家族生活』の最後のコマができたんだ！
私の夢見た…？
そう！ターラの話ついに完成！読む？
私の話…
パボはエデュケーターじゃなくて私のお父さんで、漫画家だったんだ！
ターラ
そしてママは子ども専門裁判官。だから施設に入れられた変な夢を見たのか…
私はおかしくない！
私はワケアリじゃない！
ターラ
全部漫画の中の話なんだから！
ターラ？
私は漫画の登場人物なんだから！
裁判所に着いたよ
パパ！
今日ママは仕事はないって
あと全部これ漫画の中の話だから！
裁判官の前でそんなこと言うのやめてね？
じゃないと施設どころか専門病棟行きよ。しっかりしてちょうだい
どう？教えてもらった通り親の役割をしっかり果たしているでしょう？
少し冷たいです
そう？
ご自身の経験からアドバイスするのはいいですが、脅すのは問題です。話し合いましたよね？
偏見につながる表現も要注意
何しても結局ダメなんでしょ！
いつもダメとは言ってません
丁寧さが少し足りないだけです
裁判所に入る前雷が聞こえたら、これは「雨に唄えば」＊の世界…
子ども専門裁判所
子ども専門裁判所
あーあ！
子ども専門裁判所

＊「雨に唄えば」：1952 年公開のアメリカのミュージカル映画

第2章
ポジティブでいること

私の願い、みんなの願い

結局、施設には戻らなくて済んだ。これからもママと一緒にいられる
ついてる
たぶん
在宅教育支援は継続。裁判官が言うには、ママの「親としての役割」をエデュケーターが手伝い、私に「考える時間」を作るため
裁判官にそう言われて笑いそうになった
パボはいいやつだけど、なんていうか…
頼りがいはない
やり方も…
1年の初めにウィッシュランタンを飛ばそう
ウィッシュランタン？
ウィッシュは願い。ランタンが上がって星に近づいたら、願いごとをするよ
すてきだろ？
ちょっとバカらしい
願いごとは声に出すよ！
みんなで分かち合うためにね！
ちょっとじゃないかも…
きっとすごくすてきだよ
これぞ「教育的分かち合い」！
「親身で親密」な！
さぁ、みんな！願いごとは何かな？
誰からいく？
普通の家族になれますように！
どういう意味？
朝ごはんにお酒のない家族！
両親がお互いの名前を呼びますように
え？
いつも「バカ」とか呼んでるから…
そうか…そうだね
突然ビンタされたり物置に閉じ込められたりしませんように！
うーん
神父様が変な目で見てくるのをやめますように
えっ！
先生が僕らのせいで気がめいるって言いませんように！
え！
そうなの？
そうだよ、僕たちのせいみたいに…
そうだね
えーと、ターラは？
みんなの願いごとと私のをまとめると、おとなが私たちを放っておいてくれる場所で暮らしたい
子どもたちが本当に幸せでいれる場所に行きたいな
パボの願いごとは？
えと… 僕の願いはみんなをそんな場所に連れて行けること…
…かな
どこにあるか知ってるの？
いや…
予算はあるの？
いやすぐには…
あくまで願いごとだから…

Ecole
mentaire
えーと…おつかれ…
ふん
何、それ？
何が？
そのドレスさ
何かイベント？
かな？
ママからのクリスマスのプレゼント
早く行こ！
それって…雪の女王のドレス？
君のお母さんがそんなものを？
声が大きい
ひどいな
どうしてターラが気に入るって思ったんだろうね？
ターラの気持ちを想像したかな？
自分の想像の世界にいるんだね！
これについては話さないと！
ちゃんと！
私が欲しいって言ったの
ほんと？
気に入ってるの？欲しかったの？
なわけないでしょ！
ひどいもんだよ！
みんなが見てイヤだよ！
じゃあ…なんで？
親との離別を経験した子どもにとっては
親との絆がずっと続くことが何より大事なの
ママの満足が私より優先
パボは私の気持ち想像できてないよ
Pavo

想像上の個人計画書

で、
進んだ？
なんの話？
子どもが幸せに過ごせる場所に連れて行ってくれるんでしょ？
うん
ちょっとずつは進めているけど…
ふーん
何もしてないでしょ？
まさか！進めてるよ！
とはいえさ…
具体的にどこかはわからないから…
わからないの？パボにも？
きっとどこかにあるよ！
おとなたちはしっかりしていて理性的で頼もしくて…
子どもたちはかわいがられ尊重され守られる…
そんな自由が存在する場所がさ！
エデュケーターの学校で、そんな場所について聞いたことないの？
聞いてたら覚えてるはずだけどな
しょっちゅう会議で話し合ってるじゃん！これはっていう方法や仕組みは見つかってないの？子どもたちが穏やかに成長できるようなさ…
ねえ？
会議ってのは、おとなたちが文句を言い合うための場だからなあ…
じゃあ、エデュケーターとか心理士、教育者、哲学者なんてなんの役に立つのよ？
その人たちの間で意見のすり合わせもできてないし…
こうなったら自分でその場所を作る？
みんなと？
とりあえず毎週水曜日に図工教室でも開こうか？

死の廊下

やだ！
行かない
女性
課長
簡単なことじゃないの！ドアをノックする！
部屋に入る！そして予算を申請する！
どう使うか聞かれたら
思いつきで話せばいい
絶対何か言われるよ！
だから何？
だから、
行かない！
頑張ってよ！
ちょっとの
ことじゃん！
だって課長の話
難しいんだもん…
むり
そなの
？
なんで？
超賢いの？
いや、違くて…
だったら何…？
相手もフランス語
話すんでしょ？
そうだけど、
こんがらがるんだ
ちゃんと説明して。
どういうこと？
これまでの課長とは話は通じた！
意見が合わなくても、理解し合えてた！
新しい課長は
何を勉強してきたか
知らないけど
分かり合えないんだ
何か言われただけで不安になる!!
あたりがぼやけてきて…
めまいが
する！
そのあと一週間は
調子が悪く
なるんだ…

えーと
課長…
突然
すみません
が…
実は…
子どもたちとの遠出を
企画していまして、
そのご相談を…
なるほど
ソリューションを
提案したいと…
ソ…？
企画の
ダイナミズム
についての
ダ…？
簡単な話で、複雑な家庭環境の子どもたちが
少し息抜きができるように…
いい空気を
吸って…
ふむ
そうね…
感覚的カバレッジ
ベネフィットは？
ベネ…
それはつまり…？
地域における
教育的行動の
活性化プログラムが
必要です
経験
レベルで
会議でお話し
したかと…
座らせていただいても…？
少し目が
回ってきて…
実践の戦略的パラドックスを超えて、最終的には
利用者の質的パラメータの強化が求められています
えぇ？
その点に
フォーカスして
いますか？
えと
あの…
プラグマティックであることが…
肝要！
アクティブな
キーの定義と
関係の共構築が
必要です
当事者
レベルでね
累積的プロセスを
十分ブラッシュアップ
できてるかしら
スキームの
リフレクションの
レベルで
つまり…
モチベーションの
効果が最優先
プラグマティックな
挑戦をプロジェクトの
歩みにコネクトして…
リフレクション
インディケーターの
強化
当然代表性の
スクリーニングも
もちろん
すべてにおいて
コンスタントな
バジェットを
前提に
…
どう？
なんて？
課長《女性》室
課長《女性》室
ちょっと
バーンアウトで
私たち置いて
離職とか
やめてね！

食堂賛歌

ほうれんそう 好きじゃなぁぁい!!
わがまま 言うんじゃない 全部食べなさい
うえーん うえーん
ぐすっ
うまく やりなよ
え? ぐすっ
泣きわめくと、わがままだと思われて損だよ
そう? ぐすっ どう すれば…
嫌いな食べ物に「恐怖症」ってつけなよ
それで解決!
そう?
「ほうれんそうがきらい」じゃなくて「ほうれんそう恐怖症」!
すると無理に食べさせたら差別になるからね
恐怖?
恐怖症
何それ?
魔法の言葉
あとは「過敏」をつけるのも手だね
苦手な食べ物が出たら「過敏症」と言う
すごい!
常に敵の言葉を学ぶ
基本だよ
それでもだめなら、皿ごと壁に投げつけてこう言う
?
発作が出た!って…
うまくいくの?
確実に!
何も言われなくなるよ
変な人扱いはされるけど即パスタ作りに走ってくれるはず
おとなってバカなのねぇ
だから私はおとな恐怖症なのよ

電話が泣いてる

ターラが会ってみたいそうです…
おじいちゃんとおばあちゃんに…
ふーん
それ誰？
えと…
お母さんのご両親です
え？何の関係が…
あぁ！
私の両親がこの子のおじいちゃんとおばあちゃんなのね！
考えたこともなかった
じぃじとばぁばね
それで…
可能だと思われますか？
そうね。そろそろ連絡がくるはずだから
ずっと電話を待ってて
よかった
えと…
電話はどれくらい待っているんですか？
そうね…
20年？
もっとかも
そろそろかしら
約束を守らない人もいるわね
自分からおかけになっては…
イヤよ
母がかけるって言ったんだもん
親ってほんと困りものよね！
いたかと思えば…
急に消えて…
タバコを買いに行ったり…
仕事に行ったり…
ねえ
もう
ほんと…
電話も来なくなる
それが親ってものよ！
でも今度話す機会があったら会いたがってるって伝えるわね
電話がくるはずだから…

動物と話す？
つらいときや不安なとき
言葉にするのが大事で、動物がいるところで
話すことで大変な時期を乗り越える…
動物
セラピーって
いってね
ふーん
人間同士
話しにくいとき
動物がいると
話しやすかったり…
たしかに、25年前に親に捨てられたことを
いまだに受け入れられない母親といったら…
子どもは不安にも
なるよね…
乗馬セラピー
とかどう？
親を頼ることができなくて
子どもがそんな現実に向きあっていくのは
大変だよね
う…うさぎも
いるよ？
だんだん不安な気持ちを自覚してきた…
子猫なんて
どうかな？
自分の行動に無自覚なママに、
いつか捨てられるんじゃないかって…
ユニコーンなら
どうだ？
そしていつか私自身がママみたいに
精神疾患になるんじゃないかって…
鳩はどう？
POF!
いいところに来たね！
ちょうど今さ…
ちょっと…
鳩なんかに
頼った日には
グレるからね！
僕たちこれまで
いい絆を
築いてきたよね？
ポン！
やめとこ…
理由は言えないけど
動物セラピーに
うんざりする
気がする…

既にターラの頭の中に存在するという時点でどのカウンセラーより僕の方が頼りになるよね

大統領官邸より

フランス国民の皆さん…
数週間前から我が国はウイルスの感染拡大に見舞われ、既に数千人の同胞が感染しています…
このウイルスは重大な結果を招く恐れがあり…
我が国は今、この1世紀で最大の公衆衛生上の危機を迎えています
この感染症との戦いは初期段階にすぎず…
感染速度は加速傾向にあります
新しい決定がくだるまで、学校は閉鎖することとします。なぜなら…
子どもたちが感染拡大を引き起こしかねないからです
症状が出ておらず、健康に見えたとしても過信しないでください。一方で決して…
パニックには陥らないでください
共和国万歳！
フランス万歳！
Pavo

オーバールック・ホテル

こうして突然、予想外の外出禁止期間が…
始まった
この小さいワンルームで…
ママと２人だけ…
外からは物音ひとつしない
雪の日みたい
ママ？
何？
私を妊娠してたときどんな感じだった？
ど…どうしてそんなこと聞くの？
知りたいの
心配だったわ
ずっとね
精神科の薬もまだ飲んでなくて…
生まれたらすぐに取り上げられちゃうんじゃないかって…
乳児院に…
実際そうなったんだね
そうね
プルルルル
プルルルル
15:41
dim. 22 mars
パボ
エデュケーター
GZZZZZ
はいはい
心配いらないわ
大丈夫
ターラの面倒見てるわ
ちょうど『シャイニング』＊でも配信で観ようかと…

＊オーバールック・ホテル：イギリスのホラー映画『シャイニング』で主人公たちが滞在するホテルの名前。雪で閉ざされたホテルで狂気に落ちる父と暮らす少年を描いている

屋根の上の息抜き

人間がいない！パラダイスだね。歴史上最高の春だよ
よかったね 楽しんで
ターラは？ 楽しんでる？
まさか！考えてもみてよ。ママがずっと話しかけてくるんだよ？ ５分もゆっくりできない！
もはや地獄でしょ
そこまで？
問題はママが１人で過ごせないってこと
ターラ？ 誰と話してるの？
ほら…
ただのひとり言！
声に出して考えごとしてたの！
あぁ…
だったらママと一緒におしゃべりしましょうよ
ひとりでいる時間が必要なの！
わかる!?
大統領が言ってたわよ。おうちで仲よくしろって
おっと
仲よくなんて言ってない！
大統領が言ってたのは、おうちにいろってことだけ！
同じでしょ！
全然違う！同じじゃない！
どうせおうちにいるんだから…
私には誰にも邪魔されない精神的な自由が必要なの！
その象徴が僕だね
やっぱりわからない…
ママは頭の中の妄想に流されないで自分で前向きに過ごせるようにして！
何？
もう一回言ってくれる？
１人でいると、不安なのよ…

ママの先生ごっこ

はい、静かに！
ノートを開いて今日の日付を左上に書いて赤線を引いてください！
ママンの学校
ママが先生ごっこで遊びたいのはわかるけど…
私、勉強は自分１人でできるの
カベさん！私語は厳禁！
赤でバツ印つけちゃいますよ！
気をつけて！
今日みなさんが習うのは…
いやもう今日のプログラム組んであるから
算数の問題を解くのと…
もう！
なんでもターラが決めちゃうんだから！
学校から毎日プログラムが送られてくるの！
先生は**私**！**私**がすることを決めるの！
つまんないでしょ！
これは遊びじゃないの！
午前中をこうして過ごしたくない。１人だったら５分で終わるのに…
ママと一緒だと…
はいはい！
カベさん、それじゃ、算数の問いを読んでください！
問１
ジュールが風邪をひき、クラス 32人のうち24%に感染した。生徒たちは学外で平均14.25人を感染させ…
ジュールに起因する死者数を計算せよ
a) 致死率 2% の場合
b) 致死率 5% の場合
c) ジュールの弟がメトロの手すりをなめた場合
について計算し直せ
１人でするから安心して

算数って実はあまり…
好きじゃないのよね
他には
どんな教科が
あるの？
理科は自然界に
ついてだけど…
自然はいいね！
換気も
必要だもの
12ページの資料を参考に、
動物が人間に感染症を
引き起こす条件に
ついて述べよ
うっ…
うーん…
熱くなる
話題でもないね
国語は何？
国語はまず文法。
次の文章の時制を変更せよ。
「外出禁止令の決断が
遅かったとは
誰にも言わせません」
イヤな例文
次は読解。
モリエール『病は気から』の
最終シーンを読みなさい
ない！
じゃあ歴史。
中世の黒死病の
教訓について記せ
ないない
それなら地理？
医療用マスクの輸出国を
地図上で指摘し、
自分なりの結論を
導き出しなさい
ないないない！
ほんとに
ありえない！
そんな内容でどう
楽しめって言うのよ？
あなたの先生たち
つまらないわ
先生ごっこを
楽しめない
じゃない
面白い授業は
ないの？
作文とか？
お題は
なんなの？
「おとなは死に絶え、
子どもたちでこれからの
世界を作ることになった」
物語の続きを書きなさい
ママンの
学校
2+2=4
3+3=6
Aa Bb
Cc Dd
わかったでしょ
先生ごっこで遊ぶの
やめた方が現実的だよ
そうね…
じゃお医者さん
ごっこに
しましょ！
1+1=2

会いたかった

Zzz
やっほー
何してんの？外出禁止中は教育的面談はできないんじゃなかったの？
外出許可証があるから大丈夫！
ダメだよ！禁止されてるんだから。それに危険じゃん！
無責任な人ばっかり！
説教なんてごめんだね！
君こそ外で何してるの？
私はパボと違うもん！
花を見に来ただけだよ。会いたかったの…
久しぶりで…
僕もターラに会いたかったよ
えっ…
そんなこと突然言うの？
うれしいけど、ソーシャルディスタンスと愛着距離を同じ日に縮めるのは、やりすぎだと思う

子どもたちの楽園に
連れてってくれるって
約束したよね？
忘れたの？
ランタンに
お願いした
でしょ！
守れないなら
約束なんて
しないで！
私は
信じてたのに !!
あの犬になった気分だわ
屋根の上で人生諦めて…
屋根のお嬢さん？
こちら 2 階よ。
誰と話してるの？
きっと下の
ゴミ置き場ね
外出禁止期間の
教育的面談も
悪くないわね
「連れて行けたら」
とは言ったけどね。
そもそも見ただろ、
政府のはったりを！
児童保護予算も
あやしいものだね
いつも言ってるけど
約束を信じると
バカを見る！
児童保護の世界で
以前より予算が
増えるなんてことは
ありえないんだ
期待しない方が
いいと思うよ！
予算はいつも
ピーナッツ
程度さ…
Pavo d'après SCHULZ

医療従事者ありがとう
私たちのスーパーヒーローに感謝
医療従事者がスーパーヒーロー？
めちゃくちゃだね
なんでそう言うの？
医療従事者はスーパーヒーローの敵だからよ まさに！
私たちのこと大嫌いなの！
むしろスーパーパワーを失わせるの
またわけのわからない
ママはね、病院に行くまでスーパーパワーがあったの
病院に行って…
スーパーパワーが…
なくなった
犯人は彼らよ！
看護師たちは私のスーパーパワーに嫉妬してたからね
たちの
ーヒーローに
感謝
スーパーパワーなんてもとからなかったの！ ママの幻…
じゃあ私が動物と話せてたのは何だったのよ！
スーパーパワーじゃなかったとでもいうの!?
また鳩の話？
どんな動物とも話せてたわ！
今じゃ、鳩としか話せなくなっちゃってつまんない！
ユニコーンがいたらもちろんユニコーンと話してるわよ！
もっと楽しく暮らせてたわ

買い物の仕方だって全然違ったわ！
並ぶのが嫌だってこと？
お金がなくなってしまったってことよ
お札を増やすことができたのよ！ずっと楽だったわ
指を鳴らすと…
お札が降ってくるの！
医療従事者に全部盗まれたのよ
友達がいっぱいいたから
嫉妬したんだわ
2分でいいから真面目に話してくれる？
薬を飲み忘れた…
よね？
飲んでるわよ！
でも、そのせいで…
一文なしなんじゃない
そんなのスーパーパワーじゃなかった！
口座残高がゼロ以下だったんでしょ！
病院で治してくれてよかったじゃない、そうでなければ、今頃、路上生活だよ！
路上生活なんてことないわ！スーパーパワーで「魔法の家」を出せるもん！
いい加減にして！
CLAP!
CLAP!
CLAP!
CLAP!
CLAP!
CLAP!
CLAP!
CLAP!
CLAP!
CLAP!
なんだ…
私たちに拍手してくれているのかと思ったわ
がっかり！
CLAP!
CLAP!
CLAP!
CLAP!
CLAP!
CLAP!
CLAP!
CLAP!
まーた医療従事者への拍手か！
CLAP!
CLAP!
CLAP!
CLAP!
CLAP!
CLAP!
CLAP!
CLAP!
Pevo

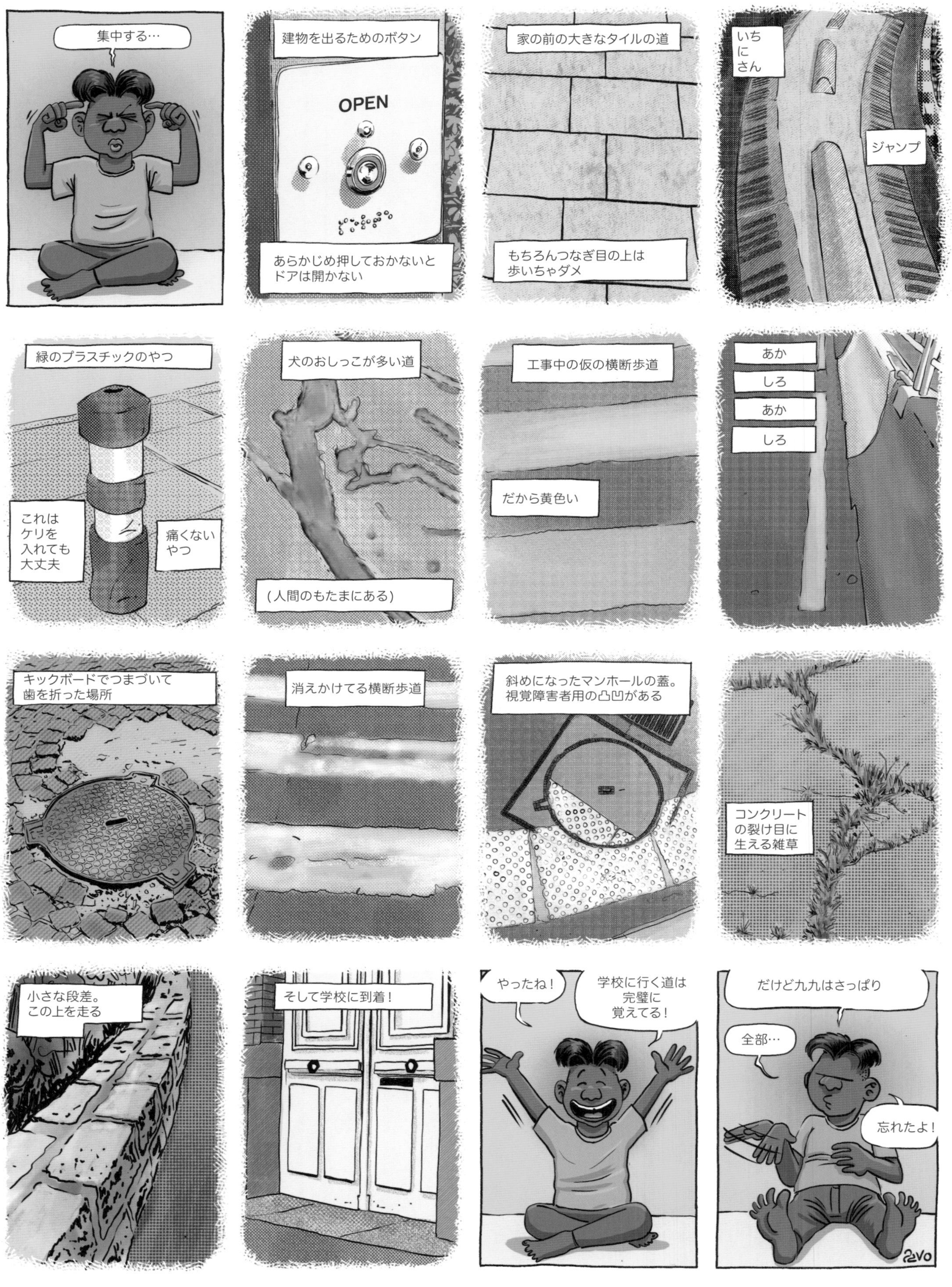
集中する…
建物を出るためのボタン
OPEN
あらかじめ押しておかないと
ドアは開かない
家の前の大きなタイルの道
もちろんつなぎ目の上は
歩いちゃダメ
いち
に
さん
ジャンプ
緑のプラスチックのやつ
これは
ケリを
入れても
大丈夫
痛くない
やつ
犬のおしっこが多い道
(人間のもたまにある)
工事中の仮の横断歩道
だから黄色い
あか
しろ
あか
しろ
キックボードでつまづいて
歯を折った場所
消えかけてる横断歩道
斜めになったマンホールの蓋。
視覚障害者用の凸凹がある
コンクリート
の裂け目に
生える雑草
小さな段差。
この上を走る
そして学校に到着！
やったね！
学校に行く道は
完璧に
覚えてる！
だけど九九はさっぱり
全部…
忘れたよ！

マスクトラップ

びんだに
あでで
うででぃーよ
ええ？
なんだって？
さぁ
だがら…
びんだに
あでで
うででぃーよ
ただでさえわかりにくかったのに、
マスクをつけるとなおさらだね
つばが出やすいから、
まだマスクが必要なんだって
びんだに、あでで、うででぃーよ！
朝、ココアを飲むときに
まちがって消毒ジェルを
入れちゃったとか？
学校行かない間に
退化した？
外出禁止性
滑舌困難症
たしかに家で過ごす時間が長いと
反応が強く出る感じはする
だから俺たち優先で
学校に戻れたんだよ
また学校に通える
生活に戻れて
よかったよ
でも、普通の生活って、そんなによかったっけ？
たしかに！
すっかり忘れてた
びんだに、あでで、うででぃーよ！
これって私たちを笑わせようとしてるだけじゃない？
いや、何か伝えたいことが
あると思うよ
みんなに会えて
うれしいよ!!
でも
気が変わった
みんなの顔もう見たくない
キリアン
自分だけ外出禁止するって
言い出さないかな
ごめん

ターラってさ…
父親を知らないんだよね？
そだよ
魔法みたいなもので
生まれたんだっけ？
ママによれば、宇宙から来た
ユニコーンが父親みたいだね
ふむ
かつ、チャリティのおかげで
今日まで生きのびてきた…
生活保障って言うほうが
いいかな
そしてターラは
人々のことを
いつも気にしてる
人間性が欠如した
人たちばかりで
くたばりそう
まさにね！
しまいには
想像上の友達《イマジナリーフレンド》に
話してるしね
そうね
うーん…
残念すぎる…
何が言いたいの？
2000年前なら、
預言者になれた
わけでしょ
現代では母親のように
精神疾患になるのを
恐れている理想主義の
生活保障利用者…
ひどい
話だよ
信じられ
ない！
私のクソ人生で
宗教を生んで
人々に光を与えるとか
イヤだよ！
しかも最後は十字架に
かけられるんでしょ？
それはそう
だけど
僕にとっては
それじゃ困るんだよね…
考えても
みなよ
履歴書にさ、
「想像上のインコ」じゃなくて、
「聖霊」って書けるんだぜ？
帰るわ。うんざり
待って
一応考えて
みて
「ターラによる福音書」
80ページ 12コマ、
「鳥よ、黙れ！」
Pevo

*児童保護の根拠法である市民法 375条「子どもの健康、安全、精神面が危険やリスクにさらされているか、子どもの教育的、身体的、情緒的、知的、社会的発達状況が危険やリスクにさらされている場合」がモーゼの十戒の代わりに書かれている

名前の由来

子どもSOS電話 189
119
本当に
思い出せないのよ
悪いわね…
でもなんで??
自分の名前が
気に入らないの？
好きだけど、どうしてこの名前になったのか知りたいの…
子どもの心理的成長にとって
名前というのはとても大事なんです
自己肯定感に
影響します
ターラと名づけた理由は
やっぱり思い出せそうに
ないですか？
誰かの名前からとったとか、
場所とか、思い出とか？
ターラ?
ターラ
ターラ
タ
ラ…
ラタの逆さ言葉
とか？
えーと…
おほん！
やっぱり
悪いんだけど
思い
出せないわ…
「ターラ」とインターネットで
検索してみましょうか？
どれどれ
『風とともに去りぬ』の
綿花農園の名称
心当たりが
ありますか？
アメリカ南部の
父権社会で
女性が成熟
していく話
その時代の古い常識を
突破していく
ヒロインの姿
合っている
かも…
だったら
スカーレットが
よかったな
ターラって
奴隷が働く農園の
名前でしょ
そんな由来は
お断り
うぅ…
いえ、
心当たり
ないわ…
よかった
FROT
FROT
えーと、
他はと…

あなたの名前を決めた頃、
私はいつも別世界を生きていたのよ
知ってる…
でもなんとか
思い出してみてよ
これは？
ケルト神話に登場する
アイルランドの首都
どう
です？
鉄器時代に魔法で王が選ばれた場所
ドルイド僧が
集う場所
ドルイドってのは…
白い服を着て
魔法の薬の
瓶を持って
医者の
役割もする
どう？
さらに…
ターラには運命の石があって、
それが予言をしていたらしい
王と認めた人物を見つけると
歌を歌い出す…
当時、
このテーマを扱った
ドキュメンタリーを
見ていたとか？
石が血をにじませると女性が子どもを
産めないことを示し…
石が乳をにじませると女性が妊娠する
可能性を示した
この形に
見覚えは
あるんだけど…
これはないよね？
嫌だわ
ターラは
アイルランドの
４つの地域を
つなぐ中心で…
境目でも
あった
道が交わる
場所
ル・クレムラン =
ビセートルだ！
そうね
環状道路
国道7号線
A6号線
ル・クレムラン = ビセートルと同じで、
高速道路の建設によって、古い記憶が
失われてしまったんだ！
これで決まり！
ね？
まったく心当たりがないわ
悪いわね
はぁ

カナダのオンタリオの町の名前？
違うと思うわ
アラビア語で理性的という意味だけど、これ？
まさか！
ロシアの町の名前？
違う
イスラエルの農業共同体？
いいえ
中国の村の名前？
さあ…
あ…
これはどうかな？
アンデス山脈の乾燥した土地に適した低木。とりわけ種子は乾燥に強く、雨が多く降るまで何年も地中で耐えることができる
ピッタリなんじゃないですか？
え…なんで？
だってママも愛情のない砂漠で育ったじゃない…
その種子である私が生まれたのは奇跡みたいなもの
ぴったりの比喩だわ…
この木の話に影響されて、私の名前をつけたんじゃない？
比喩？
誰が雨を降らせたの？
児童相談所でしょ…
へえ
やっぱりそんな木の話、聞いたことないわ
ごめんね
残念！報告書にいい話が書けると思ったのに
携帯電話貸してくれる？自分のことは自分でやらないとらちがあかないわ

あぁ…これは悪くないわ
うん！
これだ！
ついに！
あなたの名前の由来が見つかったのね
うん
ターラはヒンドゥー教と仏教の女神で、転生するたびに女性の姿を維持しようとした
いいね
ガールズパワーの神様
気に入った
これにする
本気？私にはあんまり…
でしょうね！
でも、自分で決めたいの。いつも通り
私はこれが気に入った
でも…
どうしてこれだって思うの？
簡単よ
この神様は創造神に授乳する姿で描かれる…
そこがいいの
自分を産んだ神様の面倒を見てる
まさにあべこべの世界！
私にぴったり！
言いたいことわかる？
ターラの好きにしな。どうせ覚えてないもん
よし…
私のアイデンティティ形成今日かなり進んだと思う
それならいいけど

チームワーク

何してるの？
日記書いてるの
ふーん
どんな内容？
特に何も…
頭の中に浮かぶもの
今は重要な意味はないけど
え…
それっていつ重要になるの？
先々いつか研究者が私の人生と作品について論文を書くときよ
ダーウィンやアインシュタインやマリー・キュリーが8歳のときの日記があったらって想像してみてよ！
その人たちの子ども時代の素朴な疑問の中にのちの発見の芽があったのか？
すごくない？
後世のために準備しないと
自分でやっとかないと、将来、私の人物像を知る手がかりは、児童相談所の資料だけになっちゃうからね！
そんなの大惨事じゃない！
うつ気味で読み書きもロクにできないエデュケーターたちが過去の報告書のコピペで仕上げた教育的報告書が資料になる…
それか一覧表にチェックがついた記録
子どもは自分の靴紐を結べるか？
□はい
□いいえ
□まもなく習得
そんなのを元に論文書かれたらね
私も日記書いた方がいいと思う？
確実にね！
ターラ・カベの友達として
今すぐ始めた方がいいよ

母の像

今日はスカルプティングをします
何なの、それ?
スポーツじゃないならやります
全然違うので!
家族というものを言葉を使わずに再現します
自分と相手の体を使って母娘の関係性を表現してください。
生きた彫刻になったつもりで
さぁ
いいね
うん…いいよ
ターラいいね
ターラもするよ
はい
いいよ!
BLAM!
同じ部屋の中に２人がいる設定にしてほしいんだけど…
そう?
リアルじゃなくなるんじゃない?
これが私たち母娘の関係をよく表していると思うよ!
特に施設時代のね!
ターラ、ありがとう。メッセージはお母さんに伝わったと思うよ
どうだか…
次は私ね?すごくいいアイデアがあるの!
では、どうぞ
自分の体とターラの体を…
え?
おっと!
ちょっと待って!
いや、やめましょう
このセッションをするのはいい判断ではなかったかも…
確実にね!

白黒つけなくていいこと

僕、大きくなったら警察官になるんだ！
POLICE
やめろ！
敵側に回る気か？
敵？
どうして？
警察が白人の味方だからさ。
おまえは黒人じゃねえか！
おまえ、撃たれるぞ！
BANG!
BANG!
BANG!
やめなよ！
黒人の警察官だっているよ。見たことあるもん
警察官はいい人だよ。
泥棒を捕まえるんだから
悪いのは
泥棒だよ
あんたたち、洗脳されてるよ！
警察は金持ちのことは見過ごし
貧困者は罰する、気づかなかった？＊
金持ちと貧困者…
これを階級闘争って言うのよ！
警察は
金持ちじゃ
ないだろ！
貧しく悪い人
もいるよ！
政治的教養がない
ことが一番の
問題でしょ！
聞け、
ブラザー…
おまえは
黒人と白人
どっちの
味方だ？
友よ…
いい人と悪い人、どっちの味方？
考えて、同志！
金持ちと
貧しい人、
どっちの味方なの？
なんの騒ぎだ
キリアンを
自由にさせて
あげなさい
大丈夫？
母ちゃんと父ちゃん
どっちがいいかなんて
わかんないよ！
選ばなくて
いいんだろ!?

＊ターラは強者に立ち向かい弱者を助けた「ロビン・フッド」の格好をしている

バカンス

さ、楽しんでおいで！
きれい…
この自然も、人間たちによって破壊される運命なのよね
小さい私に何ができるんだろう？
マファルダ＊にも無理だった
マファルダは私みたいなワケアリじゃないのに…
自然を守るというミッションに挑戦するのを支えてくれる心強い両親がいたらいいのに…
話を聞いてもらえるようきちんと勉強して立派な人物にならないと
私が今頼れるのはパボだけ
エデュケーターは最高の人であってほしい
自分の役割を超えた動きをしてくれる人…
規格外の…
山を動かすほどの心意気で…
根気よく支えてくれる人…
ただいま休暇中です。休暇が明けたらおかけ直しください
でも、そんなエデュケーター絶滅危惧種なんだよね！
PEVO

＊マファルダ：アルゼンチンのキノによる漫画『マファルダ』の主人公で、政治に強い関心のある女の子

ずっとここにいよう
だいたい外に出て何があるの？
何もない
どこもかしこも…
空虚…
無だわ…
マスクをした人だけ
そもそもどこに行けと？
仕事もないし…
世の中ぶっ壊れてる
社会適応なんて意味ない…
社会がもうないんだから!!
一生ここにいよう。それでいい
じゃ私は行くから
えぇ？
あぁそう…
新学期がんばってちょうだい…

ル・クレムラン＝ビセートル
ねぇパボ、「野蛮化」ってどういう意味？
市民性が失われ、野生の状態に近づくということだよ
それぞれが自分のために動き、正義も連帯もなく、他人の心配もしない
ジャングルの掟だね
あぁ…
じゃリベラリズムは？
どういう意味？
国がルールや掟を定めなくてもそれぞれ個人の希望や行動の集合で社会が成り立っていると考える政治的思潮
競争の自由だよ
よくわかんない…
同じだよ！どっちも弱肉強食
野蛮の方はキャップをかぶってて、リベラルは革靴を履いてるってだけ
聞いた？
いつもターラのが説明わかりやすいんだから
RRFRRRFRRRR FRRR FRRRFRRRR
PAVO

施設育ちの友達作り

退屈だね
あの女の子に話しかけてみたら？
友達になれるかもしれないよ？
え？いきなり？
絶対やだ！
私は人を選んで
付き合うようにしているの
不安で屈折した子だと思う
そう？
物事をごちゃごちゃ考えて
何かとくっついてくる
タイプとか…
えぇ？
依存体質ってこと
あぁ～
まだ話したこともないんだから
わからないでしょ
そうなのよね
いっつも私は不安で屈折した
子にあたっちゃうの。
いきなり自分の人生を語って
自分が抱えてる問題を
さらけ出してくる
とかさ…
問題は私が相手をがっかりさせたくなくて、
ついつい話を聞いちゃうってこと
運命みたいなもん！
施設ではいつも
そうだった
話しかける前にあの子が安全な
アタッチメント＊を形成できてるか
知っておきたいわ
でもヒントは
ないのよね

＊アタッチメント：成長過程で他者との安定した関係性を築くことができ心理的安全が得られていること

ぬいぐるみは持ち歩いてないし…
そうだね
1人の時間に耐えられるようだし…
ポイント高い
おとなの注意を引こうとわがまま言ってる様子もないね
ほんとだ
安全に関係性を築けるんじゃないかな？
不安な依存体質ではないと思うよ
そっか！ためしてみる！
はぁい
はぁい
何か用？
えと…エデュケーターと2人で来たんだけど…
エデュケーターは優しいけど友達じゃないから
そもそもよくわからないよね…
座っていい？
在宅教育支援のエデュケーターで
へぇ
私ね、前は施設にいたの。母親がちょっとアレだったから…
なんていうの？
普通と違う
へぇ…
今は母親がだいぶ良くなって裁判官に家に帰っていいって言われたけど、私にはエデュケーターがつくことが条件なの
ごめんね、急にこんな話をしちゃって…聞いてくれてありがと
ううん、全然いいよ…
だけどもう行かなきゃ。ごめんね…
あぁそう…またね
どう？
逃避傾向ありね
逃しちゃった

人生に笑いかければ

いい笑顔だね
どういう意味？
いや、ターラが笑っててうれしいなって
そう？
非難みたいに聞こえたけど…
そんなことないよ！
あるよ！「いい笑顔だね」ってことは、いつもは違うってことでしょ？
バカにしないで！
気のせいだよ
裏の意味がある！
私が普段笑わないみたいじゃない
実際笑っていないことは多い
あ！
ほら！
本音！
まず、私が理由もなく笑ったりすると思う？
ご機嫌は自分でとるものだよ
君の方から人生に笑いかければ、人生も君に…
プーッ!!
え…
何？
あーっはっは！
人生に笑いかける…
悪いけど…
はっはっは！
くーっくっく！
ひーっひっひ！！
子どもだましの哲学
そんなの信じない
国家資格はFacebookで「いいね！」集めてとったの？
あっはっは！
あー、私をこんなに笑わせてくれるパパがいてよかった
どういたしまして

おへそをめぐって

ほーら
こうしたら完璧！
そうかな…
ナニ？
問題でも？
おへそが見えるじゃないですか
だから何！
いいおへそでしょ！
そうですけど…
おへそは、へその緒のなごりなの
へその緒は誰につながってたかしら？
私よ！
母親！
母親を隠す必要はないでしょ？
母親が気に入らないとでも？
教育大臣がこういう格好はあまり共和国的ではないと…
おへそが共和国的じゃない？
私に言わせれば、もっと共和国的じゃないものがあるわ。それは…
ハゲよ
裸の脳を人前にさらすなんてまるで共和国的じゃないわ
大臣＊がカツラで頭を隠すなら、この子のおへそを隠してもいいわよ!!
めちゃくちゃなことを言ってるのに、外れてもいないのが奇跡だと思わない？
ね？

＊大臣：ジャン＝ミシェル・ブランケール国民教育・青少年・スポーツ大臣のこと。2020 年に海水浴場やナイトクラブと区別した「共和国的服装」を学校で求めると発言して論争を巻き起こした

アルゼンチンよ、泣かないで

よし働くよ！
役割分担しよう
どうする？
あなたが海で私が陸
空は鳥に任せる？
ちょっと偉そうだけど、
悪いやつじゃないんだ…
何？
海はやだって？
力を合わせ
ないと
いけないのに
困ったね
そもそも3人じゃ
少なすぎだよ。
世界が破滅に
向かってるのに
ああ、大変！
環境汚染！
不平等！
地球温暖化！
宗教問題！
人種差別！
なのにおとなは
バカになる一方！
大問題だよ！
投票権があるのに
まともなやつが
選ばれない
ねぇ！
聞いてるの？
ねぇ！ねぇ！
しゃべれなく
なったの!?
はぁ…
Mafalda.*
はぁ…
これからまた
1人でも
頑張らなきゃ…

＊ Mafalda：『マファルダ』。アルゼンチンの漫画家キノの代表作。このページは、2020年9月30日に88歳で亡くなったキノに対する弔意を表明している。
ちなみにタイトルはアルゼンチンを舞台にしたミュージカル『エビータ』の楽曲

おつかれ

ほんとに大変だよ
いつも人々の困難に向き合い…
毎日まいにち…
不幸でしょ、病気でしょ、あと、差別でしょ
心がすり減るよ
家族が暴力にさらされるとき、僕らも同じように耐えている
耐えて耐えて…
最後には精神に影響するよ
染まっちゃう
もう何もかも終わりみたいな気分になって
ほんとつらいよ
まだいいよ！
どゆこと？
毎週面白いネタを考えて、みんなを笑わせないといけない人だっているんだよ？
そ…そんなのムリだ…
でしょ？
漫画家の方がよっぽど大変だよ
♪
ソーシャルワーカーって文句ばっか！

個別支援計画

私の人生計画？
そんなの分かるわけないじゃない
まだ8歳だよ
計画なんてない！
書類に残すためだよ
アップデートが足りなくて怒られたばっかなんだ
義務なんだから
あぁ またね…
そんな書類意味ないよ
「個別支援計画」っていうんだけど、「子どもの人生計画」の方が響きがいいねって会議で決まったんだ
個別支援計画
どうでもいいから好きに書きなよ
そんなのだめだよ。ターラが自分で考えないと
ターラの人生計画なんだから
個別支援計画
そう？
じゃ書き取ってね！
了解！
「ターラは与えられたチャンスをすべてムダにし、洞窟にてひっそり人生を終える計画をたてている。のちに鳩に食い尽くされ発見される」
なるほど！
協力したくないってことね！

そもそも
私の計画だよ？
人になんか
評価されたくない
評価なんて
しないよ！
いーや、
信じない
ほら、その声！
にしても
その計画
めちゃくちゃ
じゃないか！
あらそう？
なんで？
洞窟に
鳩なんて
いるわけない！
そんな人生計画たてる人いないよ！
洞窟の中で
人生を終える
じゃなくて
もう少し明るい
話にしてくれる？
ポジティブな
やつね！
はいはい…
わかったよ
じゃ、こう書けばいいよ。
「７人の小人に助けられたターラは
カエルと出会いました。
ターラがキスをすると、
カエルはなんと王子様の姿に。
児童相談所がくれたおこづかいで
ターラは蚤の市でランプを購入。
ランプをこするとお菓子の家が
現れました。
こうしてターラは王子様と
たくさんの子どもを産み、
幸せにくらしました」
いい感じで
しょ？
明るい！
さてと
「ターラは偶然に身を任せ
驚きのある人生を
送る予定」と書くね
いいね！
わかってる
じゃない！
あーあ、上司が
この書類見たら、
怒られるな
私の
ヒーロー！

私がおかしくなっちゃった？

ここに出てこないで
なんで？
想像上の友達だからよ！出るなら私が 1人の時にして！
え？
本気？
本気！
オルリーは私の想像なんだから私の意見は正しいはずよ
何を心配してるの？
どうせ誰も気にしないよ
不思議よね！
小さい女の子が路上でインコに話していたら気になるはずなのに！
そうかな！
待って！むしろ…
おかしいのは私？
ママと同じ？
そうなの？
発症しちゃった？
緊急警報！
幻覚が見えちゃった！
全部説明つくわ
あんたが見えないのは、何もかも存在していないからなんだ！
全部私の妄想…
本当の私は今頃病院にいる！
安心してよ。お母さんみたいに頭がおかしくなったわけじゃないよ
ほんと？
だからリラックスして！
じゃあなんでみんなの行動がこんなに変なの？
頭がおかしいのはむしろみんなの方だよ
僕が思うにね
ママみたいに？
専門家じゃないから確実じゃないけど

おじさん！
おーい！
見て！
ここ
インコだよ
しかも話すのよ！
ハロー
ぼく
オルリー
すごくない？
おじさん？
ちょっと！気にならないの!?
みんな、興味ないのさ
どうして？
さあ…
僕のこと鳩だと思ってるんじゃない？
鳩よりは個性あると思うけど
ありがと
いや、ほんとに
しゃべる緑の鳩なんて…
コロナへの不安に比べたらどうでもいいんだよ
どういうこと？
細かなことなんて気にしないってこと！
余裕なくて
もう何も見えてない
ほんとに？
何にも驚かないってこと？
そ！
ただし、咳をするか「神は偉大なり」と叫んで走ったら話は別かな
そうすれば この雰囲気は ぶち壊せるよ
そっか
ひどい空気だもんね…
LIBRAIRIE

ケバブとポテト

芽キャベツ！
イヤだな
まずいやつ
ママが言うには野菜は健康によくて地球にも優しいって！なんでかっていうと…
うるさいな！
緑のものなんて美味しくないんだよ。草の匂いがするし
たしかに他のがよかった
俺は絶対に食べない！
「環境に優しい」ってのも怪しいよね…
工場で加工された野菜をプラスチック容器で運んで…
やっほー、みんな！
食べてる？
豪華だね
むん、あんがと
あんがとって…私たちの前でケバブ食べて気まずくないの？
いい気分？
そりゃ君たちのこと監視するために一緒に食べなきゃいけないからね
鈍感なものだね
頬張ったまましゃべってるし
なんで私たちみたいに芽キャベツ食べないの？
好きじゃないからだよ
私たちよりポテトを監視した方がいいと思うよ

Ravo d'après Chardin

Ecole
mentaire
信じられる？
監視の役割担うやつが！
私たちのテーブルでケバブを広げるんだよ！
私たちは芽キャベツしかなかったのに！
美味しそうに！
ゆったりと！
ポテト１本残さず食べ切って！
頭にきたまったく
うむ…
で、何してくれるって？
えぇ？
だから…
この件について何するつもり？
え？
何もしないよ！
なんで!?
こっちは屈辱を受けたんだよ？
社会的暴力だってわからないの？
ケバブテロだから！
児童保護のエデュケーターは私たちを暴力から守るでしょ？
子どもの前でケバブを食べるのは禁止じゃないよ
もう
ケバブの前で子どもを食べる人を見たら即対応するけどね！
パポには…
心底がっかりだよ

国道7号線

フランス、ヨーロッパ、すべての道で…*
僕が一番好きなのは…
自分で運転してもヒッチハイクでも…
イタリアの浜辺に通ずる道！
ここはイタリア門《ポルト・ディタリー》ね
国道7号線《ナショナル7》！
ローマやセートに行くなら…
ル・クレムラン＝ビセートル発…
47番バスから！
ちゃんとお薬飲んだ？
いざバカンスへ！
ブルゴーニュとプロヴァンスを通って…
LE PACHA
パリからヴァランスへ！
Spécialités Portugaises
さらにはサン＝ポール＝ド＝ヴァンス
TATI
ここはヴィルジュイフだけどね
歌って騒いで…
メトロ7番線
楽しい愛が笑いかけてくる
国道7号線でみんなハッピー
国道7号線でみんなハッピー!!
それで終わりかと思ったら…「喜びでいっぱい、こんにちは こんにちは、鳩さん」**って…
そりゃきつい

＊ターラの母親が歌うのは、シャルル・トレネ「国道７号線（Route nationale 7）」をもとにした言葉遊び
＊＊シャルル・トレネ「喜びでいっぱい（Y'a d'la joie）」の冒頭をアレンジしたもの

マディは最近
どうですか？
彼女の父は
バカなんです
え…
え～と…
マディの調子は？
そりゃ…
良かないわよ
父親がバカ
だからね
お母さんと
いるときは？
まだマシね
父親がとことん
バカだからね
では…
学校では？
まあまあね
でもそれは
父親のおかげじゃ
ないからね
どれだけ
バカなやつ
かって…
いやいや！
そうやって
決めつけるのは…
そうね！
私もいつも
言ってるの！
でもあまりに
バカだから…
もう
いい!!
マディのことを
話しましょう!!
そうね…
あの子ったら
父親似で…
わかんないってことはないでしょ？
「元気？」って聞いただけよ!?
わかんない
って言ってる
でしょ！
ママに聞いて！

鳩はうんざりなんでしょ？
もっとエキゾチックな鳥を
探しなよ
え？
インコとか
オウムとか…
動物園に行けば
友達が
見つかるかも
そうかな
ペットの鳥を
友達に？
ないね！
あっはっは！
なんで？
檻の中で生活してるんだよ？
精神が貧弱になってる
羽根が生えた
奴隷さ
そうなの？
話すことと言ったら…
キョ！
キョ！
キョ！
こんな言葉しか出ない
たしかにオウムって
みんなそう言うね
キョってどういう意味？
意味なんてないよ！
ただのチック症さ
賢そうに見えるって
思ってんじゃないの
「キョ」って叫ぶことで
主人に気づいてもらって、
ピーナッツを
もらおうとしてる
他に
意味なんて
ない
未来は
コラボで実現！
共創しよう！
そうそう、
親との協働！
問題意識の
共有！
当事者との協働で
共に作る福祉！
誰？
児相の
人たち
キョ！
キョ！
キョ！
エデュケーターも
「キョ」だって！

うわー!!! 困った! どうしよう!
どした?
そだよ
何を叫んでるの?
みんな見えないの?
だね
コマの枠がない!!
だから?
だからって…
おバカなの?
開放的でいいじゃん…
息がしやすいよね!
何もわかってないのね! 枠がないってことはいよいよよ!
いよいよ何?
私たちは手のつけられない**枠なし**＊になった…!
やった!
やった? 全然よくないよ!
枠なんて檻みたいじゃん。奴隷みたいでごめんだね!
よく言った!
どの枠にも収まらなかったら、私たち迷子よ!
誰も助けてくれない
ワケアリなやつの中でも重症!
わかんないな…
私たちってのんびりしすぎ?
マディは親が保守的だからなんじゃない
何してんの?
枠なしになるなんて耐えられない! こうなったら自分で枠を描いてやる!
窮屈だよ

＊枠なし：古い俗語で、手のつけられない子ども、どの受け入れ機関でも対応できない子どもを枠なし (incasable) と呼んでいたことから、漫画の枠がないことをマディは不安がっています

お誕生日おめでとう♫ お誕生日おめでとう♫
お誕生日おめでとう♫ターラ !!!
お誕生日おめでとう♫
バカにしてんの？
やっぱり！何か文句言ってくると
思ってたのよね
去年と同じじゃない
違いますー。
去年はチョコケーキで、
今年は柚子マシュマロ
ですー
味じゃなくて
ロウソクよ！
8歳のお祝いは
去年もうしたでしょ！
あ、そう？
そんなこと
ないと思う
そうだって
確実に
そんなはずない
けどなぁ？
年齢は
自分次第
ですよ
8歳なんてうんざりなの！
ずっと8歳のままなんて
絶対イヤ！
8歳なんて全然いいことない！
1人で何もできないじゃないの！
なんでもかんでも親の許可が必要でさ！
もう
イヤ！
早く18歳に
なりたい！
BONG! BONG! BONG!
いいから
ロウソク
消して
あら
PAF!
BONG!

第3章
追い求めているもの

おとなになりたい

ずっと8歳なんて
そんなのおもしろくない
読者は
気にしないん
じゃない？
そう？
漫画の…
主人公は…
年を取らないもの
それは
そうね！
漫画のキャラはいいよね。
年齢を気にしなくて
いいんだから
それに引き換え
現実を生きる私は…
この漫画で
そんなこと言うの
君だけだぜ
だからこそよ！
この作品が始まって
私はいろいろ学んだ
なのに
8歳のまま
子どもの
まま
世の中がどんどんひどくなっているのに、
私には世の中を変えるどころか、
前に進むこともできないんだよ？
おとなに
なれない！
未来がない！
イヤだ！
この時代に
未来なんて…
僕なんか正月に
あけましておめでとう
と言うのも
気がひけるよ
最近友達にヒヨコができて
遊びに行ったんだけど…
ヒヨコに
なんて言ったと思う？
「大変だね」！
それもごく自然に！
なんでだろね
そういう
時代なんだよ
話がズレてる！
私が言ってること
わかってる？
おとなに
なりたいの！
待って
ひょっと
して…
君
って…
コビト
なの？
だとしたら
そういう人生も
あると思うよ
PeVo

トレーニングするよ！
えぇ？
私を成長させるトレーニング方法を教えてよ
私の人生のコーチ！
僕はコーチなんかじゃないね！
やめてくれ！
僕はエデュケーター。全然違うから
コーチもエデュケーターも似たようなものじゃないの
いや、違う！
コーチはまず法的に位置づけされていない。誰だってコーチを自称できるんだ
次にコーチはパフォーマンスを理想化している。時代遅れだよ
人生がよくなるためのトレーニングだって？
人生についてのトレーニング？
人生のスクワット？
人生の腕たてふせ？
人生のシャトルラン？
人生は体育の授業じゃないんだよ
じゃあエデュケーターって何？
エデュケーターはオーダーメイドさ
教育的関係性の構築
愛情をこめたコミットメント
金細工職人のようなものだよ
教えてあげよう
コーチは役割を演じることを教えてくれる。でもそれじゃ軍隊と同じだね
エデュケーターは自分自身でいる方法を見つけるのを手伝う
ずっと野心的だろ？
ってことは…
パボはもう私がどんな人間か知ってるってことだよね？
私がどんなおとなになるかも…
それはまったくわからないな
それこそがこの職業の魅力だよ

公私のバランス

パボがプライベートの電話番号くれたのよ。
これって何かのサインよね？
その方が連絡が
とりやすいからでしょ
メッセージ送ってみよう
かしら？
何のために？
そうね…
たしかに文章だと
ストレートすぎかも…
目がハートに
なっている絵文字が
いいかしら
何よ？
ハートは
やりすぎ？
なんですって！
個人の連絡先を教えた？
その方が連絡が
とりやすいので…
どうしてそんな
ガイドラインに
ないことを…
一大事
だわ…
なぜです？
だってその番号に
電話がかかって
きちゃうでしょ！
まぁ
だから
何なんです
「だから何なんです」って…
ちょっとあなた…
ルール
が…
はぁ！
あなたって
本当に男心が
わからないのね！
メッセージは
デコらないと
プロフェッショナルと
いうのはいつもプライベート
を隠しているのよ
わかる？
彼、絶対に
私の気を
ひこうと
してるのよ
こうなったら直接
電話しちゃおうかしら…
何かしらの口実を
作って…
それが
いいわ
エデュケーターに必要なスキルは、
プロフェッショナルの枠組みで活動しつつ、
個人としてコミットメントすることです
その間で
バランスをとる…
そこが
重要です
そうは言っても
簡単なことでは
ないでしょ？
プルルルル
もしもし？はい…ええ…
僕!? えーと…トランクス派ですが…
すみません…ちょっと今、面談中で…
ええ…
いや…
はい…
その件はまた月曜日に…
というか話さなくても…
公私の混同は…
ありません
Pavo

読書が問題

ママ!? 読書してるの?
すごいでしょ
なぜか この本は 大好き!
最高!私、ママが一日中 薄っぺらいワイドショー ばかり見てるのが 耐えられなかったの!
ママが読書を 楽しんでいるのが すごくうれしい!
ターラがいつも読んでるから 私も試したくなったの。 きっとうんざりすると思ったん だけど…
それで 何読んで るの?
『ピーター・パン』よ
PETER PAN
これはある子どもがね…
おとなになりたくないやつね!
知ってる
FROT FROT
すっごくわかるのよ、だって おとなになるって…はぁ…
それで?
文学が解決法を教えてくれるって本当ね。 心に響くし、感情移入しちゃうわ
言っとくけど バッドエンドだよ
えぇ?
ピーターはおとなに なりたくないから、 最後1人ぼっちで 終わるの!
そんな…
夢を こわさ ないで!
友達はみんな現実生活に戻って、 ピーターだけが一生ネバーランドで グズグズするの!!
何も聞こえ ないよーだ!
そもそもネバーランドって 「決して存在しない国」って 意味でしょ!
聞いて ない もーん!
パボ?次の面談 いつだったっけ?
問題勃発よ… ママが…
読書よ!

雪の中の希望

不思議だね。雪が降ると何もかも美しく見える
ル・クレムラン = ビセートル以外はね
INTERNET-KEBAB-BIJOUX
WARRIORS FIGHT 6
SOLD
ぶさいくな町は雪が降ってもぶさいくだよ
そんなことはないよ。雪が降れば魔法がかかる
それに気づけるか気づけないかさ
そうやって労働者はごまかされ自らの境遇を受け入れる
魔法がかかっていないのはターラだけだよ。雪の日はみんな笑顔になるんだ
笑顔なんてずいぶん見てないよ
みんなマスクをしてるからね。そう想像するしかない
もちろん物事のいい面を見る能力が必要だけど…
この表面的な薄いカバーにだまされる方が不思議なんだけど
これまで文句言ってたやつは今も文句言ってると思うよ
それに雪なんてすぐに溶けちゃう！
一瞬きれいに覆ったところですぐにまたぶさいくな灰色の町になるよ！
『アナと雪の女王』見すぎじゃない？
「ありのままの姿見せるのよ」って？
ぶち壊しだって？
CLAC
いっそ「共生を可能にする大衆的雪」というコンセプトで論文でも書いたら？
ARCUEIL
PORTE D'ITALIE
車も出せないし地下鉄も閉まっててみんな歩きだから雪のおかげで平等ではあるね
そうね
それはいいね
笑顔になれるポイントだわ

いつもネガティブな
想像上の友達《イマジナリーフレンド》って
意味ある?
インコじゃなくて
うつなんじゃないの
自分の中の
うつに話しかけて
いるなら
うつセラピー
かね
うつでもゴキブリでも鳩でも
世の中は嫌なやつばっかで
希望はないね
オルリーと話したって
気分が落ち込む
ばっかりじゃん
HOP!
新しい知見を与えてくれるとか、
インスピレーションをくれるとか…
何かないの?
僕に期待
しすぎなんだと
思うよ
ちょっとうつ気味の
友達がいる、
それでいいじゃん
はぁ
私の無意識を
反映してるのか…
自分に嘘は
つけないね
だいたいなんで
飛ばないの?
ティンカー・ベルみたいに私の周りを
飛び回って見てよ
それだけで
マシな気分になるはず
飛んでるよ
君といない
ときにね
君といるときは
君のリズムに合わせて
歩いてるのさ。
アホウドリみたく
私の歩みがオルリーを
飛べなくさせている*
いつもは
羽ばたいて
いるのさ

*シャルル・ボードレールの「アホウドリ」という詩の引用。大空を悠々と飛ぶアホウドリが地上に降りると羽根が大きすぎるせいでうまく歩けないように、オルリーはターラの歩みに合わせるせいで、空を自由に飛ぶことができない

時に
何も言わず…
風を受けて
立ってみる
あいまいな
どこか痛みを秘めた
表情…
髪がかかっても
気にしない
後れ毛は
ある方がいい
顎を少しふるえさせ、
泣きそうなそぶりを
見せるが…
涙は
流さ
ない
頭を下げる
そして心を
空っぽにする
空っぽ
泣くことすらできない
境地を表現
そして徐々に遠ざかる
ターラ？
大丈夫？
うん…
心配して
くれるの
大好き！
CLAP
CLAP
おーい

いっつも仕事、仕事…
例えば今日は
何してたって
言うのさ？
知りたくない
と思うよ…
知りたいね！
のんびりしてるようにしか
見えないもん！
知りたくないに
決まってるから
言わない
知りたいって言ってるでしょ！
勝手に
決めないで
私の頭の中なんて
わかるわけないじゃない
頭の中がわからなくても
知りたくないということはわかる
もう
怒ったから
きょうは何もしてないから
言いたくないだけでしょ
189
母親が突発的な行動をとったから
女の子を施設に保護してきた
CIAから守るためだと言って
母親が娘を窓から
落とそうとしていた
だから警察未成年保護班と
消防にかけつけてもらって、
叫ぶ母親の腕から
女の子を引き取ったんだ。
そのあと施設に連れて行って、
知ってる人が誰もいなくて
泣いてる女の子をなぐさめ、
ターラを迎えに
学校に向かったんだ
…
言ったじゃないか
知りたくない
と思うよって
PEVO

本当にすばらしい子どもですよ。
不安がある環境で育った子どもは
精神のバランスをとるために
現実逃避の傾向があったりします。
ところが彼女は違うんです。
大変な人生を歩んできたのに…
まるで石畳の間に咲く
小さな花ですよ
彼女はお母さんともうまく
つきあっているし、疑問には
自分で答えを出してきています。
本を読み調べ物をするのが好きなので
使う言葉には十分気をつける
必要があります
学校でも成績は
「すばらしい」という
評価ばかりです。
本当にすごい
子どもなんです。
僕が何かの役にたてて
いるだろうかと
考えてしまいます
それは大変！
過剰適応ね。
いつか崩れ落ちて
しまいますよ
えぇ？
いや…
違うと
思う
そうに決まっています！
ここに連れてきてください
でも…柔軟に対応する
必要があると思います
常識外れな
子どもですから
無意識に他人に
合わせていたことを
自覚しないと
好かれる
ために
背伸びを
していたの
いい子でい続ける
必要はないと…
失敗してもいいと…
自分で
受け入れ
なきゃ！
いいわ。
私に
任せて
ですが、
彼女の気持ちも
ありますし…
ターラは
うまくいかず
施設に戻される
のを恐れて
いるんです
なるほど…
だから
成功しようと
必死なのね
困った
子…
施設に戻る方が
いいわね
子どもとして
過ごすために
いや…
学業優秀なんて残念！
うまくいってなかったら施設だったのに
本当に何も
症状はないの？
おねしょでも
なんでも…
ないですよ
残念ね！

事前調査

心理士に会いに行けって言われちゃった！
イヤなの？
私、頭おかしくないのに
今のとこね
今のとこって何！
精神障害は思春期の終わりに発症することが多いからね…
だからまだわからないじゃないか
いつまでも8歳のままだから大丈夫
心配無用よ
俺も心理士送りにされそうになったよ
行かなかった
知らない人に自分のこと話すなんてありえない
え…
パボは？パボだって最初会ったときは知らない人だったでしょ？
パボにも話してないよ
金のためにやってる人には話さない
えぇ？
関係性と引き換えに金もらってるんだろ？
マディはどう思う？
心理士知ってるでしょ？
超優しい！
それって…
ママみたいに優しい？
そう！
同じ！
マディの優しさ基準はちょっと信用ならないからな…
いろんな意見があったんだけど、パボは心理士のこと信用していい人だと思ってる？
心理士
率直に話せる相手？
うっ…
心理士
気に入るってことはないと思う…
心理士

静かなる戦い

毎日順調だって言うのね？
はい
本当に？
はい…
あっ…
おっ
少し気になっていることはあります…
よかったら話してちょうだい。批判することなく感情移入し聞きますよ
傾聴の姿勢を貫きます
細かいことなんですよね。もしかしたら言わない方がいいのかな…でも、気にはなるし…
悩んでしまうんですよね。不正義というか、説明のつかない暴力のように感じで…
あら…
お母さんのこと？
エデュケーターのことです
エデュケーターと何かあったの？冷たい対応をされたとか？
しっかり向き合ってくれています
十分な時間をとってくれず避けられているとか？
毎週会ってます
家にも来てくれますし、母や学校の先生とも会ってくれます。電話をかけたら、いつでも対応してくれるし…
わかった！能力不足？
いえいえ、天職だと思います
だったら何？
理解できないのはエデュケーターの給料が心理士の半分でしかないことなんです
心理士とはめったに会わないし、よくわからない言葉を使い、コミットもそこそこなのに…
そして私にとって不正義は心を蝕むように感じるものなんです
眠れない夜もあるくらいなんです
私はどうすればいいんでしょう？
はい
心理士の件は解決したと思うよ
PSYCHOLOGUE
どうです？
ううむ
たしかに彼女は順調よ

子どもの遊び

罹患率
変異株
対面
じゃ
だったら
オンライン
味覚障害
外出禁止
綿棒
じゃ
外出禁止解除
でどう?
無症状
伝染性
くっ
うーん
パス
じゃ、俺も
動物由来
感染症
うぅ
オンライン
もう言った!!
またターラの
勝ちだね
次のテーマも
またターラの番
あーあ
じゃあまた
ニュースに
ちなんで…
次の
テーマは…
近親相姦と
小児性愛
やったぁ!!
絶対勝てる!
?
?
え?
何?
?
せっかく教会に通ったんだもん。
その経験を活かさないと!

教育アシスタントアプリ

全体的にみて、
ターラは同年代の友達と
うまくやれてると思う？
変な質問！
同年代の誰かによるんじゃない？
なんとなく許せるやつもいれば、
こんなやつ、苦しみながら
死ねばいいって思うやつも
たくさんいるよ！
うまくって
言われてもね…
1から10で
いうと
どれくらい？
わかんない
5か4かな…
ふむ
フランス共和国の
一員だって
感じられてる？
「フランス共和国」って！
どうしてそんな新聞とかニュースで
使われるような言葉を使うの？
そりゃ、フランス共和国の
一員かっていうことで言えば、
私だってもちろん…
1から10で
いうと？
フランス共和国の
一員だと…
何それ？
なんでも
ないよ
隠さない
で!!
面談にアプリ？
上司から使えって言われたの？
それを疑問も持たず
使っているってこと？！
これは教育アシスタントさ。
ただのツールに過ぎないよ。
そう考えれば、別に…
ひどいよ！
信じられない！
なんて名前？
入力して評価をもらったり
私たちの分析でもするの？
ね？
ANTONINN《アントナン》さ
でた
でた！
Application
非ナラティブな
相互関係の
中立を
組織化する
追跡アプリ
Narrative
えぇ？
面談は
終了しました。
満足度調査に
ご協力ください
誰がこんなやつに
協力するか！
勝手にしろと
伝えて
無理
なんだ
非ナラティブ
だもん

ターラ、いったい何を怒って…
あんまりだよ！ 私に興味があると思ったから返事をしたのに、チェックを入れてるだけなんだもん！
教育的関係とかうまいこと言って、だまされた…
ビビ
この場合、「関係」より「計画」がふさわしい
…
おお、すごい！
キーワードに反応した！
こういう道具にも慣れないと… もしかしたら僕の仕事の助けに…
ビビ
「助け」より「エンパワメント」を推奨します
ほら！こんなこと言われたら、自分で考えることすらできなくなるよ !!
パポが自分で話して！ パポのやり方を支持するから
ビビ
「支持」という言葉は結構ですが…
「援助」は拒否します！
ターラの言う通りだね… これまでと同じやり方にしよう！
直接話し…
アクティビティをしよう
ビビ
革新的レジャー
うそでしょ !??
同一予算で革新的なものを！
AAAH!
電源を切ってやる！
やっと黙ったか !!
クソ !!
ビビ
CLAP CLAP
わーい !!
子どもの面前、言語的暴力！
プロ評価を74点減点します
ブルートゥースでスマホにもつながってるんだった…
PAVO

わかってます !??
74点の減点！ 最初の週から !!
しかも言語的暴力でレッドアラートなんて !! プロ認定剥奪寸前じゃないですか！
それなりの状況だったので…
人員削減を検討していたことですし…
あなたはこれまでですね
えぇ !?
CLAP!
このアプリを最大限に利用するのだからなおさらです！
そんな
悪口だけで !?
状況が状況でしたし…
チームの評価が私の評価にもつながるんです！
あなたのせいで私まで減点ですよ！
これまでの評価は上々だったのに！
県の評価も上々！
財政面の評価も上々！
何もかにも上々だったのに !!
あなたのせいでアラートよ！ しかも言語的暴力なんて !!
おかげでお先…
失礼…
ここは大人の会話だから…
ヒソヒソ ヒソヒソ
ほんと？
うん
えと…弁護人としてターラ・カベ氏を指名します
HUM! HUM!
たしかにここにいるエデュケーターのパボ氏は「クソ！」と言いました !!

ええ
彼は
抵抗
しました
ええ
彼は
拒否
しました
しかし、それは不当な干渉から
子どもを守るための勇敢な行動だった…
と言いますのは…
その子どもの繊細な魂は、機械による矛盾した
命令によって傷つけられたのです…
彼女を救ったのは、
何を隠そう、
彼の悪い言葉
でした！
たしかに悪い
言葉だった
単純化
された…
くだけた言葉
好ましくは
ない
ただ
その言葉が…
その子を…
残忍な行為から守った!!
謙虚さゆえに、彼は差し出された栄誉に
手を伸ばすこともなく…
かのローリング・ストーンズは歌いました。
「満足なんてできねえ」と。同じように私は、
満足度調査を受け入れられませんでした
彼もまた
栄誉を
手放し…
再び
職業、
すなわち
作品と…
向き
合った
彼は知っているのです！
勇気や共感、関係性、愛は
測ることなどできないと…
報いを
求めず…
これらの宝を彼は子どもたちに与え、
それが人間を結ぶ横糸を形成しています
彼は毎日、心を傾け、
少量の糧と引き換えに
人々の不幸に向き合っています！
他人の評価など
求めず
点数を
追い求める
ことなく
いったい誰がこの清い人間を
裁けるというのでしょう？
いったい誰が…
はい
はい
今回は目を
つぶりましょう
ただし！これからもアプリを使って
職務にあたること！
イヤですよ。
無能だもん
有能です！
私の評価が
かかってるの！
先生
感謝します
請求書
送りますね
!

休憩時間

ソフィーはいい人なんだけどさ…結局、仕事上の付き合いかな
僕がガイドをして彼女が僕のすみかを用意する…
ウィンウィンだけどね
君のご主人は？
僕の何て !?
ご主人はどんな人？
俺の業界ではそんな呼び方はしない。お互いに敬意を持って付き合ってるんだ
まぁ不満はないよ。僕のおかげで順調に成長してる
オルリー !!
オルリー！どこ !?
オルリー !! 助けに来て !!
え…
行かないの？
今はね
なんで？呼ばれるたびに行くの？
もちろん！義務でしょ！
ダメダメ！つけあがるよ
僕の仕事は彼女の自立を促すこと。タスクに忙殺されることじゃない。その点は「想像上の友達」協定で明確に定めてるんだ
へぇ…
「人間の最愛の友」協定はちょっと違うなぁ
盲導犬はこき使われすぎだよ。人間はひどいね
そうなんだ！
目が見えない人を助けなかった日には人間に断罪される！
こんなところにいた！なに道草食ってるの。1 時間前から呼んでるのに！
休憩時間くらいほっといてくれよ
僕は君の犬じゃない
おっと、ごめん
いいよ、慣れてる。僕もそろそろソフィーをエアロビに連れていかないと
早く来て！
なんだよ！目でも見えなくなったのかい？
え？ちがうよ
じゃあなんでそんなにどなる必要があるんだ
同僚の前でバカにして！
労働裁判所に訴えてやる！

ソーシャルワーカーと笑い

見た？ソーシャルワークにおける笑いが特集されてるよ
え？
関係性を円滑にし、絆をはぐくむ…
エデュケーターにとって大事な道具なんだって
さあ…
POF!
私を笑わせて！
え？今？今ここで？
難しいよ
ギャグを言うとかさ
じゃあ、あるベルギー人がアフリカに行ったんだけど…
ダメでしょ！
人種差別ギャグ！
それは禁止!!
僕ったらなんてことを
即レッドカードだから！
じゃ違うのを。ホームレスの女性が物乞いをして…
それもダメ!!
女性蔑視＋貧困蔑視
ダブルだよ
たしかに…そうしたら障害に関するギャグも使えないな…
当然だよね!!
あるときキリンがカバに出会いました…
種差別＋肥満差別
じゃこれは？双極性障害の人が北極で…
気候変動＋精神疾患差別
はぁ
簡単なことだよ。深刻な話題では笑わない。誰にもつらい思いをさせないように、楽しい話題のときだけ笑う
ソーシャルワーカーは楽しいことばかりじゃないもんね。自分たちのことは笑えないね
じゃあ僕らは何で笑えばいいんだ？にんじん？キャベツ？
野菜の話題もセンシティブだからなぁ…

マディ、
ちょっといい？
もし父親と
別れることに
なったら…
どっちと
暮らす？
素直に答えて
え…
どしよ
あの人はママに
苦労をかけた
からね。
彼が自己中心な
ことは
踏まえてね…
ほら、
率直に
じゃ
ママと…
あんた !! 聞こえた !?
私だって !!
本当に
離婚するの？
知らない
わよ
私ばっか
あんたの教育を
押しつけられて…
あいつも
親の責任を
果たすべき
なのに！
だったらパパと
暮らすよ…
えっ !?
あの
エゴイスト
と !?
ママは
傷ついた
よ !!
じゃ施設
かなぁ
施設だって！
親の身にも
なってみなよ
ちょっと、聞いた？
あの子ったら、
親の苦労も知らずに…
自分がどんなに
恵まれてるか
知らないんだから！
一人親家庭は
心配されて
ばかりだけど
うんざりが半分で
済むのはいいね

PARC PINEL
はぁ
毎週末鳩に餌やりに行くのはマストなの？
あなたも鳩が嫌いなの？
どうせ鳩は嫌われ者ですよ！
そうじゃなくて行くのが嫌なの
何かと言えば批判ばかり…
糞をしただけで大騒ぎなんだから…
鳩ってのは実はとてもいいやつなんだから！
大事なのは話しかける努力をすること！
あら、何かしら？
鳩小屋でしょ
ずいぶん立派なのができたのね…
市役所が作ったんだって
まあ、優しい！こんなかわいい小屋を作ってあげるなんて
繁殖を防ぐため…
避妊済鳩小屋
なんと!?
一緒に来なさい！
どこに行くの？
市長に会いに！
聞いてください！私もピルを飲んでいます !!
私にも市営住宅をください !!
そうですか…それが何か？
共和国
市役所
1903
共和国
自由
平等
博愛

「誰もが15分間
世界的に有名になる
そんな時代がくる」
「すべての人が美しい。
美しくない人などいない」
Campbell's CONDENSED TOMA SOUP
Campbell's CONDENSED BLACK BEAN SOUP
Campbell's CONDENSED CHICKEN NOODLE SOUP
「同じ物を見続けると
そこにおのずと
意味が発生し、
私たちは気が楽になり、
頭が空っぽになる」
「うわべをこそ見よ。
裏側には
何もないのだから」
「悪趣味は
時間の流れを
速く感じさせる」
Campbell's CONDENSED VEGETAB SOU
Campbell's BE SOU
「万物は
多かれ少なかれ
人工的だ」
「考えようによっては
デパートというのは
美術館のようなものだ」
Campbell's CONDENSED ONION MADE WITH BEEF STOCK SOUP
Campbell's CONDENSED CREAM OF USHROOM SOUP
ちょっと…
何してるのよ…
転んだんじゃ
ないよ
これもアート
BAM! BALAM BAM!
Zevo & ANDY WARHOL

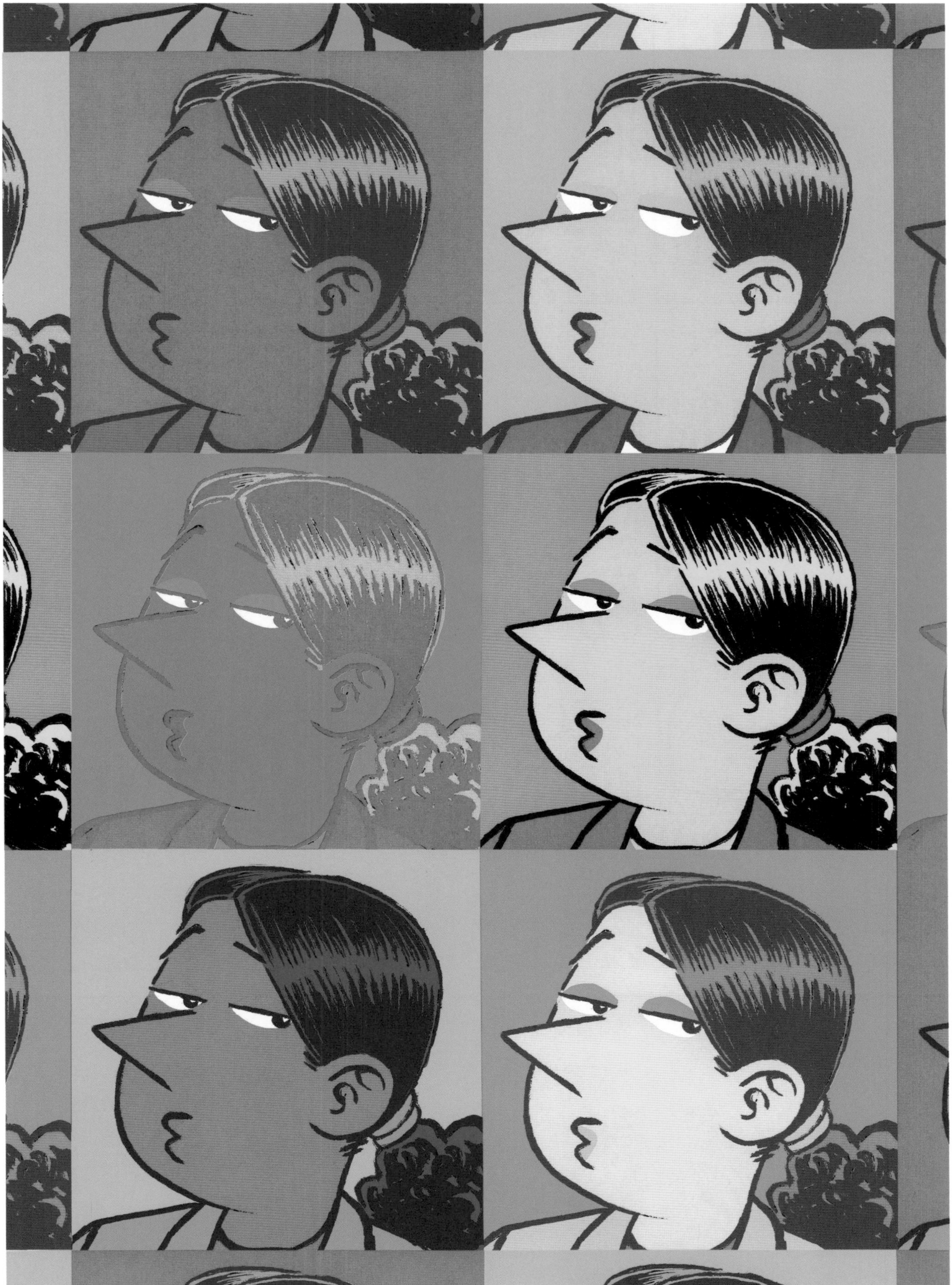

名字の由来

何してるの？
学校でする発表の準備
ほんとにうんざりしてるの
いつもはそういうの好きじゃん
テーマは何？
ル・クレムラン＝ビセートルの歴史
私の名字がこの町の名前に由来してるからって、先生にこんなテーマを与えられたの
あーあ
想像力の欠如にもほどがある！
私はこの町と関連づけられたくないのに！これもママが出生届で書く欄を間違えたせいだよ
この話、本当に嫌いなのに
僕はオルリーって名前気に入ってるけどね
そりゃそうでしょ！
オルリー空港って言ったら飛行機、旅行、地平線…
鳥としては悪くないだろうよ
ル・クレムラン＝ビセートルの何が気に入らないの？
暗いの！読んであげるよ！
FLAP FLAP
この町はもともと小さな集落だった。ビセートル救済院を中心に形成され、やがて規模を拡大していった
救済院は当初、徘徊していた孤児たちが幽閉された施設だった。やがて、収容所と刑務所を兼ねて、貧困者や精神疾患患者、犯罪者が一緒くたに収容されるようになった
なるほど…
ターラに通じるところあるね

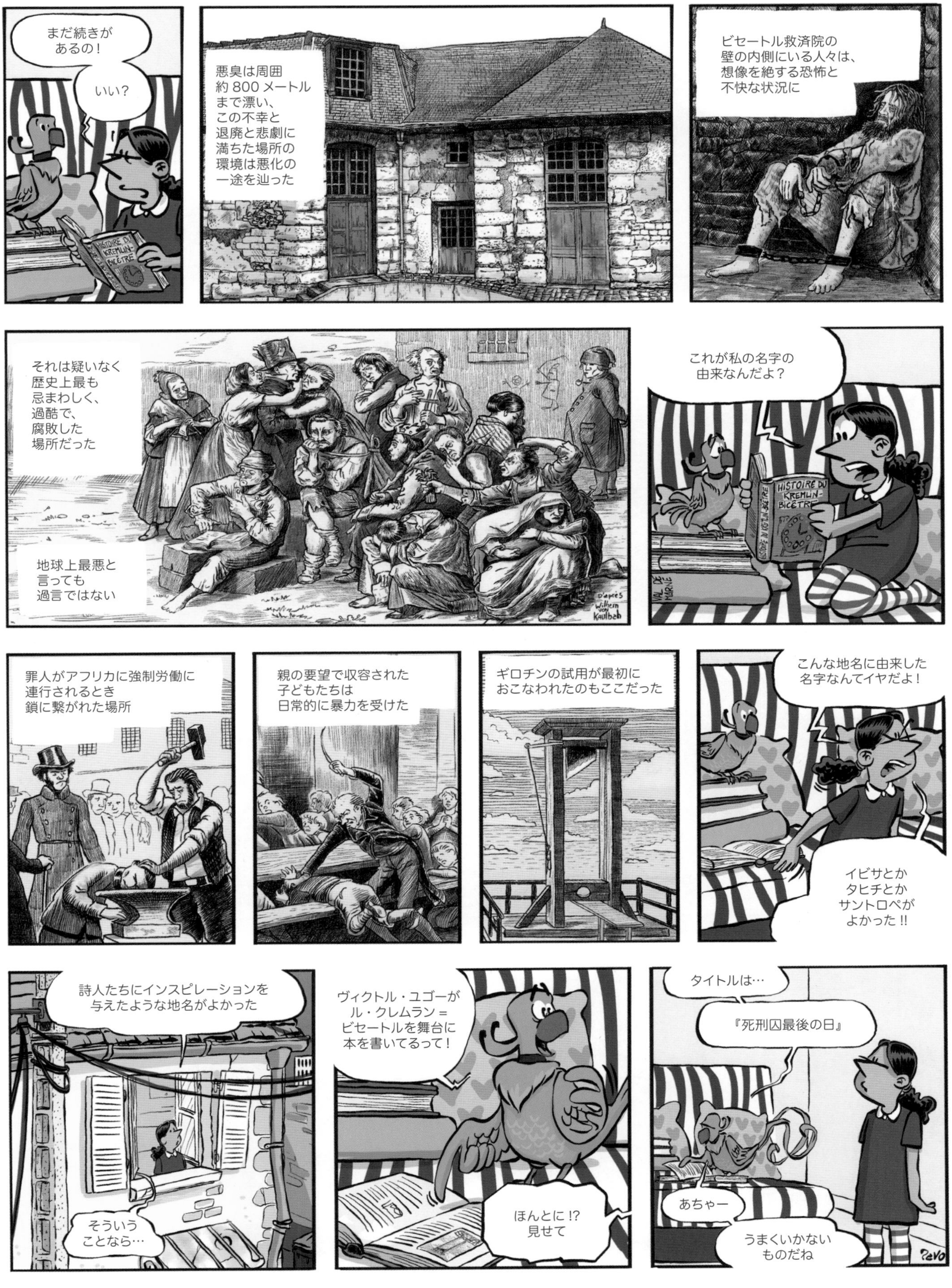
まだ続きがあるの！
いい？
悪臭は周囲約 800 メートルまで漂い、この不幸と退廃と悲劇に満ちた場所の環境は悪化の一途を辿った
HISTOIRE DU KREMLIN-BICÊTRE
ビセートル救済院の壁の内側にいる人々は、想像を絶する恐怖と不快な状況に
それは疑いなく歴史上最も忌まわしく、過酷で、腐敗した場所だった
地球上最悪と言っても過言ではない
これが私の名字の由来なんだよ？
HISTOIRE DU KREMLIN-BICÊTRE
罪人がアフリカに強制労働に連行されるとき鎖に繋がれた場所
親の要望で収容された子どもたちは日常的に暴力を受けた
ギロチンの試用が最初におこなわれたのもここだった
こんな地名に由来した名字なんてイヤだよ！
イビサとかタヒチとかサントロペがよかった !!
詩人たちにインスピレーションを与えたような地名がよかった
そういうことなら…
ヴィクトル・ユゴーがル・クレムラン＝ビセートルを舞台に本を書いてるって！
ほんとに !? 見せて
タイトルは…
『死刑囚最後の日』
あちゃー
うまくいかないものだね

もういい！
この名前がぴったりってわかった！
父親はいないし、母親は精神疾患だし、想像上のインコが友達だし…
孤児院と収容所に由来する名字は私にぴったりだよ
こういうのを運命って言うんだろうね
待って！続きがある…
「だがある日、勇敢な１人の男の行動ですべてが変わった」
?
ビセートルの医者フィリップ・ピネルが、収容者たちを鎖から解き放ったのだ
「患者への理解と治療が必要だ」と宣言し、人々の認識を改革した
ターラ見た？
ル・クレムラン＝ビセートルにも…
希望はある
鎖を解く出会いがあるんだよ
絆が自由を生むんだ
ちゃんとした人と出会えれば…
…
D'APRÈS CHARLES-LOUIS MULLER
ねえ
施錠された鎖を解く方法知ってる？
なんで？強盗でもするの？
メンバー募集中？
いいね
こっちは真剣なの
鍵だったらどっちかといえば、失くす方かな！
ははは！
僕が何を言ったっていうのさ！
PaVo

あー、飽きた、飽きた！
たしかにすることないよね…
ワケアリたちのバカンスそのもの
児童相談所の窓ガラスでも割りに行くか？
えっ!?
ダメでしょ
だって暇じゃん？
あの人たちに旅行代出してほしかった！
だからって窓を割ったりしないでしょ
どうせ誰もいないよ。いつもいないんだから
それはそうだね
掃除してる人がいるかもじゃん
だったら学校にする？夏休みだから確実に誰もいないぜ
ダメ！何も壊さない！
えー
じゃ何するの？
わかった！自傷してみよう！
ちょっと！いくら愛に飢えても落ち着いて
まって
自分なんか傷つけたって救われないよ
他の解決法を探して
エデュケーターがいるんだから、どうしたらいいか聞いてみようよ！
私はパボからゆううつの受け入れ方を教わったよ
人に迷惑をかけることなく
エデュケーターはそのためにいるんだよ パボは退屈やゆううつについて教えてくれるチャンピオンだよ
うんざりな気持ちについてパボは教えてくれるよ
そいつは光栄だね！
違うって…一部だけ切り取ったら、悪く聞こえたかもしれないけど…
ちゃんと全部聞いてたら、私のこと誇りに思ったはずだよ！

どう？
ボルダリング
楽しい？
予想通り
かな…
え！？
あまりに正統派な
教育的外出だから
エデュケーターって
象徴的なものを
散りばめるのが
好きだよね
何をするのも
メッセージを
伝えるため
壁を登るのも
まさに
それでしょ
子どもが
壁を…
一歩一歩
努力して…
登っていく
エデュケーターは
下で見守る
このロープは
絆ってわけ
ほら！
エデュケーター
専門学校の実習レベル
やることが
見え見え
なんだよね
教訓もう見えた
ちょっと喧嘩した
だけなんだけどさ
当てつけ
だと思う
慎み深く
愛情を求めて
苦難の鎖を解く
エデュケーター
って話をふったら
自分の専門職としての
能力を批判されたと
受け取ったわけ…
だからさ
怒ったのは
しょうがない
として…
ボルダリング
させるって…
過剰反応だと
思わない？

カフェが開いてるんだからさ…
レモネードでも飲みながらゆっくり話せたらいいのに
半強制的にスポーツをさせて何を伝えようっていうんだろうね
サブリナ！アクティビティ、いいアイデアだよ！
子どもたち喜んでるし
彼なりにできる限りしてるのはわかるよ！
私だってムダに永遠の8歳をやってないよ
子ども扱いはもうじゅうぶん
なるほど！エデュケーター学校の課題だったのか！
「ボルダリングが可能とする語り合い」について論文書くの？
いいね！
まぁ、パボについて悪いことは何も言えないよ
おもしろいし
なんか許せる
奇遇だね！僕は昔「ユーモアイラストが可能とする語り合い」って論文を書いたんだ
いろいろ話したいね！
さて…
ポン
パボ、そろそろ下ろしてくれていいよ！
パボが頼りになるって十分わかったから！
カフェも開いてることだしね

私の性格と
この世界での存在の仕方は
登山に通じるところが
あるんじゃないかと思って、
登ってみたはいいんだけどさ…

書類の海

これだけ印刷するのに どれだけ木を 伐採したことか
本当に こんなに 必要だった？
ターラ、これはね、 ただの紙じゃない。 子どもたちについての 書類なんだ
成長の記録だからね。 すごく大事なものだよ
どんなことが 書いてあるの？
形式的な言い方をすれば、 教育的報告書って いうものだよ
やりとりの 記録だとか
メモ…
実際には もっといろいろ あるよ
ここにあるのは 何よりも言葉だね
言葉がつむがれ 文章となって…
生きざまに ついての 小説となる
誤解を恐れずに 言えば、 人間の現実の理解に 挑む方法は 文学だけだからね
たとえそれが 不完全な方法 だったとしても…
書くということは 挑戦なんだ
満足すると いうことはない。 けれど必要な 挑戦なんだ
エデュケーターは 空中に生まれては 消えていく言葉を 集めては 編み上げる…
蝶を集める ように…
そう
じゃあ 私について 書いたことを 読ませてよ
え… どちらかと言えば やだな…

（つづく）

心配しなくて
いいよ！
いじわるなこと
書いてるわけじゃないから
心をこめて書いているから
信頼してくれよ
じゃなんで
読ませたくないわけ？
君の性格を
知ってる
からさ
たぶんいちいち
引っかかることになると思う
言葉ひとつについて
言い合いをするのは
意味がないよ
私についての書類なんだから
私に関わることだよ！
そう。
でも違う
でも違う
って何！
あくまでも
僕の視点から
書いたもの
だから…
個人的なことだし、
僕がターラについて
書いたことを
読まれたくないな
そんなの
ひどいよ！
読ませてくれないなら、
パボがママのこと
好きかもしれないって
ママに言うからね !!
えーっ!?
それはひどすぎる !!
そもそも事実じゃ
ないじゃないか！
でもさ
同じことでしょ
これはあくまで
私の視点
だから…

何これバカにしてるの!?
ほら、言った通りじゃないか…
「表面的には不機嫌を装っているが愛着を示すこともある子どもである」!?
真剣に書いてる?
僕はそう思ったけど思い違いということもあるかもしれない
いーや!確実に違うね!
「不機嫌」はまだいいとして…
「表面的」ね!
そこは強調しとくよ
「愛着を示すこともある」!?
もっと違う書き方できるはずだよね
私について一番感動したことがこれ?心をこめた結果がこの書き方?
犬は愛着を示す!モルモットは愛着を示す!
小動物と同じ扱いなんて!
もっといろいろあるでしょ!心に触れる、愛らしいすてき、尊敬に値する魅力がある、感じがいい…
人を形容する言葉なんていくらでもあるんだから!
よぉくわかったわ
パボの愛着が表面的でしかないってこと
POF!
POF!
確かに不機嫌にはなるね

荷作り

ママ いつも思うの
荷作りは バカンスの始まり！
洋服は少しでいい…だって夏だもの !!
日焼け止め クリーム
水着…
あらあら！ ぜんぶ入り きらないわ！
おみやげを 持って帰れるように スペース空けて おかなきゃ いけないのに…
これ、毎年同じね！ 入らないって心配して、 結局はなんだかんだ 入っちゃうのよね
はい しーめた！
準備完了！
clic!
なんで 準備したの？
意味ない じゃない
バカンスになんか 行かないのに
だからよ！
荷作りしたら もうバカンスなんだって
少しは 楽しみなさい
Pavo

＊建物に書かれた「okabé(オカベ)」は「au KB」の当て字で、「KB にて」、すなわち「ル・クレムラン = ビセートルにて」の意味

児童相談所には証拠がありすぎる

ねぇ
知らないの？
私はママから聞いたよ！
またまたママが何だって？
児童相談所もエデュケーターも心理士も裁判官も…
みんなグルなんだって!!
ええ？
なんのために？
子どもを親から離すために！
吸血鬼みたいなんだよ！
子どもたちから血を抜いて若返りのエッセンスを作り販売しているの…
新鮮な血をとるために子どもをまず虐待するんだって！
黒い祈りを捧げるとか！
小児性愛の悪魔！
そんなやつらが子どもを誘拐してるの！
それなのにFBIときたら見てみぬふり…
ヒト型爬虫類が世界の転覆をもくろみみんなを操ってるの
ピザ屋に化けてるらしい
ママが言ってた
えーと…証拠はあるの？
ないの…
示し合わせたようにね
「示し合わせたように」ってどういうこと？
いっこもないってこと
ゼロ！
悪いやつに限って賢いから

※科学的ではない言説を信じている親とその子どもの対応はソーシャルワークの現場で度々見る光景です

（つづく）

普通非難できるのって
証拠がある場合じゃない？
いーえ！
それは昔の話
今の時代
証拠があったら
偽造を疑うべき
つまり証拠がある方が
疑わしい
つまり
証拠がないときこそ
要注意！
それじゃあ、正義も科学もジャーナリズムも
終わりじゃない！
前提をもとに
推論して
いくなんて
考え方は
できないよ
推論？
何を？
児童相談所に
吸血鬼なんて
ありえないよ
マディ
ちゃんと考えて
ああ…
ターラも
そっち側
なのね
児童相談所の陰謀論は確実に不可能。
絶対にできない。
あんな余裕ない人たちに
できるわけない
そう？
なんで？
児童相談所の人たちは
書類として証拠を残さない限り
トイレにも行けないありさまよ！
しかも3部ずつ作って！ ＊
児相は証拠が
多すぎるから
その話はありえない

＊児童相談所記録用、子ども専門裁判官用、子どもの委託機関用と必ず３部作成します

キリアン？
何？どこ行くの？誰なの？
知ってるの？
うん！友達のターラだよ
遠くに行かないで
えと
これってどういう状況？
散歩の時間なんだ
車に気をつけて！
リードをつけて…？
おかしくない？
そう？このハーネス、よくない？首輪より全然快適だし。前は首が苦しかったから…
いや、屈辱的じゃないのかって聞いてるの
もうだいぶ散歩したから帰るよ夜になっちゃう
やめてって言わないの？
言わないよもうすぐエサの時間だし
お父さんはこのこと知ってるの？
わ…父さんの話は…
父さん？父さんがいるの？
ううん、大丈夫…
そうかい！じゃあ行きな…
ほら！
よかったよ…父さんはあんたを高速道路に置き去りにしたような人だからね…
じゃね！
うん…
ハーネスを引っ張らないでって…
ほら足がひっかかって…
ほら片足あげてごらん
また靴に引っかかるとこだったよ

受け継いだ教育方法

おまえの母親はけじめがない。それが問題だ
あいつが出て行ってからめちゃくちゃだよ
おまえに必要なのは父親だ
厳しくできる親…
地に足のついた！
近頃の親たちは甘やかしの理想主義者ばっかりだ
ガキの成長にはビンタが欠かせねえ
まっすぐ成長させるにはこれしかない
簡単なことだろ
ニーズはある
平手打ちの訪問事業を始めよう
名づけてビンタ・デリバリー
困った親がいる？スクーターで駆けつけるぜ！
ガキ共に完敗を味わわせる。顔を思い切り殴れば完璧
支払いは受け取る。皆が喜ぶ事業だ
効果は抜群！軟弱なエデュケーターたちは失業するだろう
俺ってビジネスのセンスあるな。自分の人生を築きつつある
おまえの母親とは違う
それもこれも両親のおかげだ
思えばガキの頃、父親は俺を自転車のチェーンで殴ってたな…母親は俺を地下室に何週間も閉じ込めて…
パパ…
ママ…
本当に…
あぁしてくれてよかった…
さもなきゃ
今頃、グレてただろうな

私たち どんな感じで 終わるのかな？
えぇ？
えーと…
何にだって 終わりは訪れる わけでしょ
それは 子ども専門裁判官 が…
わかってる！
子ども専門裁判官が 「教育的支援の終了」 を宣言するんでしょ
市民法375条の話をしているんじゃないの。 私とパボの関係がどう終わるかってこと！
どんな感じで 終わるのかな？
えぇ？
話す必要は あるだろうね…
えと…
はは
話し合うことになるんじゃないかな、 きっと…
その時が 来たら…
考えたことある？
いや…ないよ…
あるの？
私もない…
その日が来ても、スマホのメッセージで 済ませたりしないでね！

薬と教育

あらら…あなたの弟、何してるの？
いつも叫びながら落ち着きなく走ってるよね
NANANANANA
POC!
BONG
BONG
BONG
障害があるからだよ
適当なこと言って
障害は車椅子に座ってる人でしょ
頭の中の障害もあるよ。ディスなんとかとか、注意欠陥なんとかとか…
だったら…
うるさいやつと障害のある子の違いは何なの？
同じだよ エデュケーターの扱いが変わるだけ
そうなの？
障害とされれば おとなしくする 薬がでる
それだけ？
説教されないってこと？
障害があるやつには 説教はしない
教育的面談もないの？ 心理士もなし？
ない！ 薬だけで あとは放置！
ラッキーね
だな…
いいじゃん それ…
どうしたら障害があるってことにしてもらえるの？
人目を引くような 印象に残ることはする 必要があるよ
ウンコ食べるとか そういう…
ほんとに！
ぎゃー！ ありえない！
1回だけでいいんだよ あとはもう放置だから
うえぇぇぇぇ!!
投資してみる 価値はあるよ
GNA GNA GNA GNA

普通の家族なんて
だいきらい !!!
なんて優しい子なの !!
ママ、うれしい !!

男わずらい

私もいいかげん男がほしいわ。
あなたにはパボがいるけど…
ええ？
何だって？
あなたのことを考えてくれていることに
違いはないじゃない…
観劇やら何やら連れてってくれて…
私だけ１人ぼっちで、ばかみたい
めちゃくちゃ
だよ！
混同しないでくれる
パボは
エデュケーターでしょ！
仕事なの !!
私8歳だよ？
男とか
言わないで!!
ふーんだ！
パボのこと好きなの
知ってるんだから
でしょ？
もう !!
ママ !!
教育的支援を超えてあなたたちの間で
何かあるのわかるもん
職業としての関係
以上何もない !!
私はエデュケーターに
たくさん会ってきてるの
そしてお別れも
いっぱいしてきてる
だから私
誰にも執着
しないの
お腹いっぱい
私は
マゾじゃ
ないもの
ほら言った通りじゃない
何かあるのよ
ありま
せん！
もうこの話はおしまい！
はいはい…
ママの勘違い
でした…
じゃあ
さ…
パボに
私のこと
勧めてよ
ねぇ？
ターラ？
それくらい
いいじゃない！
ねえ？

ママのこと
イライラする!!
オルリー!
オルリー?
どこ?
オルリー?
必要なときに限って
いないんだから!
POF!
ほらほら
落ち着いて!
遅いよ!
そりゃ
いつも都合つけられる
わけじゃないよ
そうなの?
そうだよ!
自分の生活だって
あるんだから
言っとくけど
オルリーは私の想像上の
友達なんだから!
私の絶望した心理状態の反映が
オルリーなんだから
私の調子が悪いときは
都合つけて来てちょうだい!
できないなら、違う友達を
想像することになるかもね
ところで
なんでそんなに
忙しいの?
個人的な
計画
何それ?
開業することにしたから

開業？
どういうこと？
鳩を対象とした
クリニックを開くんだ
仲裁、
巣作り支援、
カップルセラピー…
などなど
想像上の友達じゃ
稼げないからね
社会的地位も
ないし
敬意さえ
持たれない
じゃ、やめるってこと？
児童保護分野から離れるの？
落ち着くまでは副業で
想像上の友達も続けるよ。
その方が手堅いから
あとの
ことは
追って…
ル・クレムラン＝ビセートルの鳩は
セラピーに支払うお金があるの？
ないよ！バカじゃないから
市場調査くらいしたよ
開業は
パリ15区で
するんだ
別れる寸前の鳩がたくさんいる
15区は住宅地
だからね
家族の形を守るためには
ポテトチップスくらい払うよ
私はどうなるの？
知らないよ
チップス
くれるの？

電気ショック

もっといい世の中に
するには…
軽率なことを言ったら
その人が痛みを感じる仕組みが
あるといいと思う
え？
それはよくない
んじゃない？
脳がちょっと
ピリッとする程度だよ。
一種のアラートというか…
間違ったことをしたら
痛みを感じないと
斜めに走ったら
捻挫する
でしょ
斜めに
考えたときも
同じことが
起きるべきだよ
軽率なこと言って
気持ちよかったり
楽になるとかさ
明晰な人より
軽率な人が楽そう
なのは納得いかない
たしかに
能天気は幸せ者
って言うわね
考えても
みなよ
安易な発想や悪い
考えが浮かんだら
脳みそで静電気みたいに
感じられたら
きっと効果的
だと思うんだ
軽率な人は
居心地が悪くなって
しっかり考えないと
いけなくなる
でもそれじゃ、
疲れちゃうじゃない
そうね
それは
思った
人間の進化はその点
改善の余地あると思う

順路

14e Arrt
AVENUE JEAN MOULIN
1899 - 1943
PRÉSIDENT DU CONSEIL NATIONAL DE LA RÉSISTANCE
ジャン・ムーラン大通り
ネルソン・マンデラ広場
ESPLANADE NELSON MANDELA
1918 - 2013
HOMME D'ÉTAT SUD-AFRICAIN
PRIX NOBEL DE LA PAIX 1993
RUE DANTON
ダントン通り
19e Arrt
PARVIS ROSA PARKS
ローザ・パークス広場
1913 - 2005
MILITANTE EMBLÉMATIQUE DE LA LUTTE POUR LES DROITS CIVIQUES DES NOIRS AMÉRICAINS
VILLE DU KREMLIN BICETRE
Rue
レフ・ヴァウェンサ通り
Lech WALESA
Place
シャルル・ド・ゴール広場
CHARLES DE GAULLE
マーティン・ルーサー・キング公園
SQUARE MARTIN LUTHER KING
1929 - 1968
PRIX NOBEL DE LA PAIX 1964
RUE Louise MICHEL
MEMBRE DE LA COMMUNE DE PARIS 1871
ルイーズ・ミシェル通り
Rue Simone Veil
シモーヌ・ヴェイユ通り
LE KREMLIN-BICETRE
RUE
ピエール・ブロソレット通り
PIERRE BROSSOLETTE
RUE
オランプ・ド・グージュ通り
OLYMPE DE GOUGES
1748 - 1793
Révolutionnaire Française
RUE GANDHI
Homme d'État Indien 1869-1948
ガンジー通り
私が思うに
おとなが子どもに
従うよう命じる
目的はただ１つ
私たちが歴史に
名を残すのを邪魔する
ためだと思う！
未来への道

予算要求

じゃ、計画通り
よろしく！
え…
計画って？
児童相談所
パボは入って予算を要求する。
私たちは外で待ってるから
何の予算って
言えばいい？
同じ話をまたする必要ないでしょ！
計画をたてるのは
パボの仕事だろ？
もう
いや、だいたいのことは
わかってるんだけど…
細かいところは
まだつめて
なかった
から…
細かいことなんて言わなくていいんだよ
不幸な子たちの
ためだって
言えば
十分
時間稼ぎしてないで
行ってこいよ
子どもたちをある場所に連れて行きたいって
言えばいい
子どもたちのために…
その場所を
作りたいんだ
だって
あたたかくて
居心地がよくて
一緒に過ごす
のに適した
安全でいられる
お互い助け合う
そんな場所…つまり…
家庭的な
場所！
家庭的…
そうだね…
聞いてみるよ
はたして
児童相談所に
その余裕が
あるかどうか…

子どもSOS
あの…
どなたか いますか？
！
すみません あの…
ひぃぃぃぃ !!
入り口に「児童相談所」って 書いてあったから いらしたんですね？
はい そうです
本当にびっくりしましたよ
看板はそのまま 残してありますが、 もう子どものことは 扱っていないんで すよ
サービスを統合したんです。 民営化できない部署 でしたからね
子どもたちはホテルに 移しました
お金がかからないし 零細企業の 助けになるしね
めちゃくちゃだ…
殺伐とした 世の中になり ましたよ
まあ、どうせ みんな死ぬし
えっ？
もうすぐ世の中滅びるでしょ
気候とか おかしいし
テレビでも 言って ましたよ
子どもに投資するような タイミングじゃないのよね…
Pevo

児童保護を切り捨てたら大惨事。目に見えてるじゃないですか！
死者が出ますよ
ね？どうせみんな死ぬのよ
遅かれ早かれ
少なくとも今死ぬ人は多少なりとも気にしてもらえるわね…実際に大惨事が起きたときには、気にしてはもらえないもの
自然の摂理に従うしかなくなる、そこで我々に何ができるでしょう
それこそ自己責任の世の中になりますよ
どんなときでも子どもたちを守るための法律はあるでしょう！
法律！法律！いつだって大風呂敷を広げて！
法律があってもそれを実施するには人間が必要なんです
この仕事したい人はもういないんだから！
私がここに残っていただけまだマシですよ。他の人はみんな辞めていったんですから。ところで、今日はどんなご用？
実は予算の相談で…
予算なんてもうありませんよ！送別会で使いきりました。職員の退職が多くて、送別会が続きましたから…
そもそも大きな予算があったことなんてかつて一度もないですけどね…
あとはお花代ね！
今月は自殺者が2人も出たから！
それで予算を何に使うつもり？
あなたの送別会？
まさか自殺じゃないわよね？
ね？
もっと費用がかかるからね
墓石代とか

いや、実は…
もともとはその…
なんていうか…
グループ活動の予算を申請したくて…
子どもたちと一緒にいろいろ活動したいな…
…と
細部はこれからつめる予定で…
アクションプロジェクトというかなんというか…
実行しながら自分たちで作りあげ…
子どもたちとともに皆の希望を形にしていく…
ふぅ
ある場所を作りたいと思っていまして…子どもたちが互いに尊重しあって過ごせる自由な場所なんです
いわば…
家族のような…
やっぱり厳しいですか…
だったらあるわよ
そうなんです？
そういう企画に必要な予算ならありますよ
児童相談所
やったよ!!
やった!!
みんな、喜べ!!

※『ターラの夢見た家族生活』は本国フランスで連載中。ターラとパボの冒険はまだまだ続きます

解説

- 原作者からのメッセージ
- 在宅教育支援とは
- 『ターラの夢見た家族生活』解説
- 訳者あとがき

原作者からのメッセージ

エデュケーターという職業は「相手のもとに届ける(aller vers)」という姿勢が土台となっています。家庭内という親密な関係性の中に入っていきます。そしてそれがぶしつけに感じられないように、その家族の文化に一歩あゆみ寄り、歴史を理解し、神話になっているものを家族と一緒にひもときます。家族は神話の上に成り立っています。それは、両親が出会ったときに話し合ったこと、暗黙のものも含めお互い期待したこと、両親それぞれがモデルとしている生き方(なりたいとイメージする姿、逆になりたくない姿)、社会の中で教えこまれてきたモデルや役割など……、それらを理解すること。相手が個であることを尊重して一般化せず、そして必要なことは、何よりも相手を愛することができること。

家族というのは、子どもが育つために必要な人間性を作る、とても複雑なシステムです。複雑なのは、父も母も歴史を抱えて生き、子どももそれぞれが違う歴史を担っているからです。赤ちゃんが人間として生きるには、愛され、安全を感じ、教育を受け、社会の中の一員であると自覚できる必要があり、それを身につける場所が家族です。赤ちゃんは自分が世界で、母は自分の体の一部だと感じています。赤ちゃんは親と自分の区別をしないので、親はつきっきりで赤ちゃんの欲求を満たす必要があります。しかし、成長する中で赤ちゃんは親が別個の人間だと気づき、待つこと、他の人に配慮すること、不満があっても我慢することができるようになります。その過程が教育です。社会の中で生きることを教えるのです。しかし、家族システムに不具合がありその目的を十分果たせないときがあります。家族に平穏な安らぎが戻り、子どもにとって安全で愛のある枠組みを作るにはどうすればいいのか？　エデュケーターが持っている道具はたった一つ、自分自身のみです。

アドバイスをしたり方法を教えるのではなく、エデュケーターが子どもと家族に愛情を持ってコミットすること。エデュケーターが養成課程で受ける訓練はどんな相手でも愛情を持って関わることができる姿勢です。心理(頭)だけでなく感情(心)も相手に傾けます。そして、弱った木に接木するように、または水を送り出す貯水槽に水を注ぐように、相手の探している言葉をつむぎ、物語をつむぐのを支え、愛情や優しさの表現を提案します。親に「お子さんのことが大好きだと伝えることができますよ。お子さんに『愛情の気持ちをたくさん持っている、とてもいい素質があると感じている、きみが自分の子どもでとても誇りに思っている』と伝えてください。きっとお子さんは安心し落ち着くはずです」と話します。エデュケーターがすることは、子どもと家族に、お互いを大切するために必要な愛情も気持ちも、それぞれが十分持ち合わせていると感じられるよう支えることです。

エデュケーターのおこなう実践は、関係性を育むために必要な言葉をつむぐことです。エデュケーターはそれぞれまったく違った家族に出会い、自分とまったく違った人に出会います。コミュニケーションがとても難しく感じることもあります。けれどそれはいっときのことです。しばらくすると、違いは些細なことであり、中心にあるものは似ていると感じられるようになります。世界のどこでも子どもが必要とすることは同じです。一番大事なのは安心な愛情があることです。安心できるおとなに愛されていて、きっと明日以降も一緒にいてくれる、そういう気持ちです。その条件があれば、子どもはおとなの手を離し、自分の人生の冒険に出ることができます。

これらを私は笑いを通して伝えようとしました。笑いがあれば何でも表現することができる、真実でさえ。起きた不幸に対してさえ優位に立てるのは笑えたときです。

『ターラの夢見た家族計画』の日本語版出版にあたって、日本の文化と児童保護の仕組みに関心を持っても、最初は違いにばかり目がいきました。しかし、結局はエデュケーターとしての視点が役立ち、同じことがたくさんあることがわかりました。

日本でもフランスと同じように新生児は常に親身なおとなによる関心を必要とします。その状況が何年も続くのも同じことです。親たちが子どもたちにとって最善の人生を歩んでほしいと願う気持ちも日仏何も変わりはありません。子どもが育つには村が一つ必要、多くの人間の関わりを必要とするのも同じです。無人島で子どもを育てることはできません。孤独と孤立は人を死に導き、人の輪が人を救うのも同じです。悲しみがあったときの一番の得策は笑いに変えることであるのもきっと同じでしょう。

この本に登場するキャラクターについて人間的で親しみがあると感じ、笑うことができますように

友情の気持ちをこめて

パボ

ターラが頼りにするパポは
在宅教育支援のエデュケーター

安發明子（フランス子ども家庭福祉研究者）

エデュケーターとしての「あり方」を学ぶ養成課程

この漫画の著者であり登場人物でもあるパポはエデュケーターです。エデュケーターは、第二次世界大戦直後にパリの市民グループが仕事帰りに地下鉄出口にたむろしている浮浪児を連れて帰り、寝泊まりする場所を確保し、近隣の商店などにかけあって仕事を与えた活動が発端として生まれた職業です。子ども専門裁判官や小児精神科医が中心となり、少年院や精神科病院に来るのを待つのではなく「社会内においてこそよりよく子どもたちを教育できる」として国に必要性を訴え、子どもたちに路上で声かけをする路上エデュケーターは全国的な活動になりました。警察官が補導し家に返すのではなく、国家資格のある児童保護の専門職が子どもや若者とその家族を具体的に支え、問題が解決したり望みが叶うよう手伝います。路上で子どもたちに声かけし、家庭の支援もする路上エデュケーターは現在も花形ですが、インターネット上でリスクのある若者に声かけをしたり若者たちの相談に乗るネットエデュケーターも整備が進められています。

エデュケーターはソーシャルワーカーの1職種として1967年に国家資格化され、特に児童保護、障害、社会的心理的困難を抱える成人の支援や自立支援分野で中心的な役割を担う資格です。看護師のようにどの機関に所属してもエデュケーターとして活動します。3年間の養成期間では1週間実習、1週間座学を繰り返し、エデュケーターとしての「あり方」を学ぶことが目指されています。毎年違う分野の職場で実習することで卒業時には3つの分野で現場に認められる仕事ができたということになります。当初は2年以上職業に就いた上でしか入学することは叶わず、現在でも入学者の平均年齢は23歳と他の経験をしてきた人が多く採用されています。採用担当者に話を聞くと、苦境をどのように乗り越えたか、まわりの人とどのような関係性を築いてきたかを重視すると言います。

パリ市最大のソーシャルワーカー専門学校のエデュケーター養成コースは倍率が6倍と人気は高いです。学費は無料か収入がある人なら3万円、パリ市の専門学校では55%の学生が返済不要の奨学金を、残りの多くは失業保険の給付金を生活費として受け取っていました。月数万円程度ですが実習費用も受け取ります。

パポは、中高の歴史の先生をする中で「優秀な子どもには自分は必要ない、困難な状況にある子どもには教師としてできることは少なくもっと包括的に子どもを支えられる職業に就きたい」と専門学校に入り直したと言っています。

継続的に具体的に家族を支えるエデュケーターは児童相談所など公的機関にもいますが、多くはより専門性のある民間機関に所属しています。それに対し、ソーシャルワーカー国家資格者は、ケアをコーディネートする役割で、福祉事務所や職業紹介所などにいることが多いです。いずれも多職種であることを重視しているので、医療機関にも福祉事務所にも児童保護機関にも両方の資格者がいます。福祉分野の資格を総合してソーシャルワーカーと呼んでいます。

親子まるごと支える在宅教育支援

在宅教育支援（AEMO=L'aide éducative en milieu ouvert）が法制化されたのは1958年です。しかし、以前より「非行少年はすべて児童保護の支援が必要な子でもある」とされていたこともあり、家庭支援に重きをおく背景はありました。1945年に子ども専門裁判官が制定され、現在は7割が司法命令で支援が開始しています。残りの3割は親の同意による支援でAED（Aide éducative à domicile）と名称も異なります。AEDの場合は、例えば子どもの退院時に心配が残る場合に医療ソーシャルワーカーが支援につなげることなどもしています。

子ども専門裁判官は裁判官資格を得た上で2年間、少年院や児童保護施設での実習を含む児童保護と非行専門の養成課程を受けています。在宅教育支援の命令や子どもが医療を受けることの命令、両親が精神鑑定を受ける命令など子どもの権利を守るために司法を使うことが特徴です。パリ市では子どもは裁判官と1対1で15分ほど話してから裁判をおこないます。子ども専門裁判官は子どもの権利を擁護する役割を担います。

子ども専門裁判官は毎年、子どもたちの支援を担っている各機関を半日ずつ訪問し職員と意見交換することで、どのような支援が存在するのかを知り、子どもにとってより良い判断ができるようにしています。パリ市には5つの民間の在宅教育支援専門機関があり、裁判官がどこの機関に子どもの支援を委託するか決定します。委託を受けたら県の児童保護予算から費用の支払いがあります。一方、被害にあっている可能性のある子どもがいたら、子ども専門裁判所の検事は被害届などを待つことなく保護や調査の指示を出します。

子ども中心である子ども専門裁判所に対し、家庭裁判所は両親間の調整などに使われます。フランスは63%が婚外子として生まれ共同親権です。両親が別居する際も家庭裁判所に子どもの居場所と養育費の分担を届け出ることになっています。家庭裁判所は子どもの居場所の後見人と言われていて、子どもがどこにいて誰が養育費を出すか監視することで親戚間を転々とさせられたり、子どもが別居している親に会えなかったりすることを防ごうとしています。

そもそも虐待のような状況を経験させるのは子どもを守れたことにならず、福祉の失敗とされています。かつ、なるべく家庭内で全員を支えることにより親子分離の必要をなくすことがコスト的にも良い。在宅教育支援も問題が少ないうちに開始した方が短期で終了しています。パリ市の場合、在宅教育支援は子ども一人に月5万4000円、施設や里親入所が月70万円、平均的な支援期間で計算すると在宅教育支援は一人67万円で状況を改善させられ虐待を防げるのに対し、施設や里親入所が必要になると一人 2700万円かかっています。

在宅教育支援の根拠は市民法375条「子どもの健康、安全、精神面が危険やリスクにさらされているか、子どもの教育的、身体的、情緒的、知的、社会的発達状況が危険やリスクにさらされている場合」です。日本では児童虐待に関連する法律は、児童福祉法と児童虐待防止法がありますが、フランスでは、より上位の市民法（日本における民法）で定義されています。さらに「常に可能な場合、未成年はそれまでいた環境に居続けなければならない」という項目が続くので、危険がなく子どもが希望する限り自宅に留まることになっています。つまり、子どもについて心配はあるけれど、危険はない状況が「予防」で、危険がある場合は「保護」の決定がされます。予防の代表的な支援方法が在宅教育支援です。保護の際も、最近は「自宅措置」という、子どもが自宅にいる時間、エデュケーターが家庭に通い危険がないようにする方法が優先されるようになっています。心配が大きいときは即時保護できるように施設などのベッドを空けておきます。

在宅教育支援は、具体的には、エデュケーターを中心としたソーシャルワーカーや心理士などがいるチームで家庭に関わり、月5時間を基本として、最初の取り決めの際に週1回など頻度や目的も家族とお互いに確認します。多くの場合は1年ごとに裁判で話し合い更新の有無を決めます。未成年人口の1%が支援を受けています。

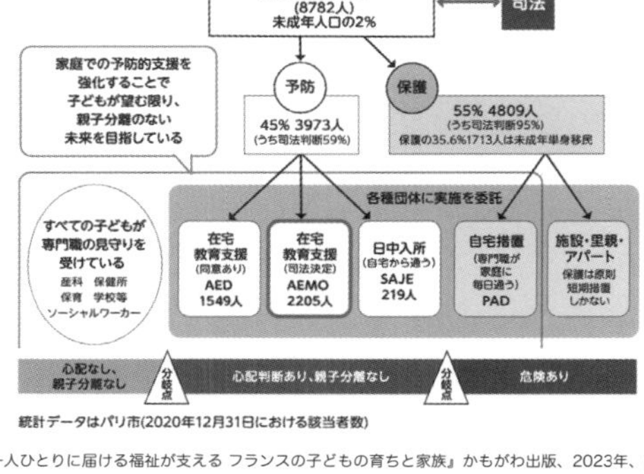

統計データはパリ市(2020年12月31日における該当者数)

安發明子『一人ひとりに届ける福祉が支える フランスの子どもの育ちと家族』かもがわ出版、2023年、p.149

支援はどのように始まるのか

市民法375条をもとに子どもが「心配」な状況にあることが在宅教育支援の要件です。ここからは私の調査結果をもとに在宅教育支援についてご紹介します。私は 2年間、パリ市最大の在宅教育支援機関で調査しました。調査地区の特徴が移民出身で子どもが多い家庭が中心であることからも、フランス全土に共通する結果ではないことはお伝えしておきます。

支援の最初のきっかけとしては学校からの連絡と警察への通報が半々でした。学校からの連絡としては「レゴで遊ぶときにいつも『助けて』と叫んでいる人と助けに行く人という場面設定」「授業中に笑いを取ろうとするようになった」など子どもの状況についての心配事項です。通報は、夫婦喧嘩、そして離れて住む父が「母の養育が適切ではなく子どもが心配」と連絡する場合などです。入口は近隣からの夫婦喧嘩の通報であっても、裁判の判決文の支援決定理由は学校の専門職が観察した子どもについての心配な症状や言動について書かれており、これらが子どもの権利を守る視点となっていることがわかります。

支援を受ける家族の特徴としては、親か子どもに病気や障害がある場合(ターラのお母さん)と、両親間に葛藤がある場合(マディやキリアン、ディラン)がとても多いです。学習に特別な配慮が必要な子ども(キリアン)が一人以上いる家庭が半分以上。次に両親間に言葉や身体面での暴力が過去にあった場合。両親の状況として、父母ともに主な問題は記録されていない場合が一番多いのですが、母親に関しては精神疾患があったり、面談のたびに泣くなど情緒が不安定だったりする人が半数弱、見受けられました。そして父親の4割近くは不参加か不在でした。不参加は、家にいるのに学校の面談に参加しない、子どもの教育に参加しないなど。不在は離別して定期的に会いにこなかったり、国外にいて連絡がつきにくかったり親役割について期待できない状況です。

移民の二世や三世など外国出身の家庭が多いため、文化や考え方の違いを乗り越え、子どもの権利を守るために文化メディエーターもチーム内にいます。例えば「乳歯はどうせとれるから虫歯の治療は意味がない」と子どもが痛みで眠れなくても歯医者に連れて行かないとき、毎週エデュケーターが子どもを歯医者に連れていくなかで親の理解を徐々に得ることもありました。

裁判官が支援を命令できるのは18歳未満のみですが、子どもが希望する場合は21歳まで延長できます。対象となる子どもは義務教育が始まる3歳以降、特に8歳から15歳くらいが多いです。これは学校の勉強が難しくなる時期で、長い時間を過ごす学校で、不具合が症状として出やすいからです。他に生活が大きく変わるときにも一時的に在宅教育支援が入ることがあります。両親の離別や片親の死亡、若者の自殺未遂後、ターラのように里親や施設から自宅復帰する際の準備期間から帰宅後のフォローなどのタイミングです。親たちに心理的負荷が大きくかかっていて自分のしたい子育てができない状況に対し、良い子育て経験ができるようエデュケーターたちが支えていました。

入り口は7割が裁判官による決定、つまり親は支援を望んでいない状況からのスタートですが、1年後に裁判をやり直すときには親が「エデュケーターがいてよかったので在宅教育支援を続けてほしい」と言うことがほとんどです。場合によっては「強制された支援」という枠組みがあることで、問題に向き合えなかった、一歩が踏み出せなかった親たちが、助けを受け取り、専門職を頼れるようになり、やっと子どもたちの環境を整えることが可能になることを示しています。

支援の目的と実際にしていること

支援目的は判決文に4-7個ほど列記されるのですが、ほぼ全家庭に書かれているのが「親の教育的役割を支える」「親子の関係性の調整」です。その次に多いのが「医療ケアの確保」「家族のニーズに応えられる支援をコーディネート」「適切な教育環境の調整や進路や学校との関係性の調整」「第三者となって家族の構成員のそれぞれの立ち位置の調整、兄弟間の関係性の調整」「離れて住む親との関係再構築、親探し、親の権利の保障」です。

健康保健省は子どもが根本的に必要とすることについて図のように発表しており、その中で十分満たされていないものを満たすためにできることをエデュケーターは親と一緒に考えます。これらが「ニーズ」とされ、揃うことが「安心な子どもの成長」という認識とされています。

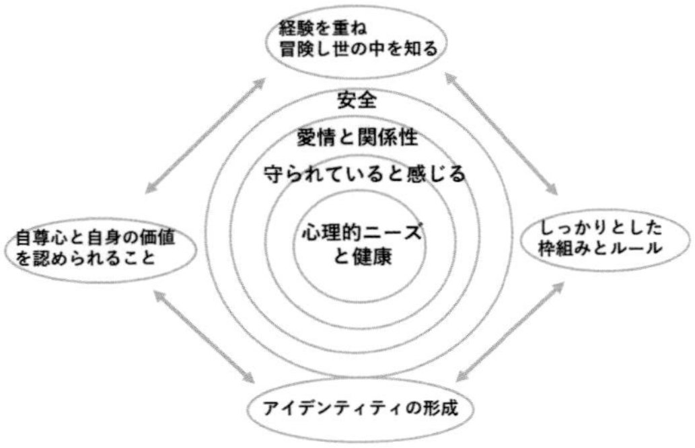

フランス保健省『子どもに必要なこと報告書』2017

実際の支援として子どもたちに人気なのは「教育的外食」と「教育的外出」です。「教育的外食」は子どもが行きたかったレストランにエデュケーターに連れて行ってもらい話すことです。特に兄弟がいる場合は、自分一人を連れ出してもらい自分一人の話を聞いてもらう機会が多くないこともあり、とても喜びます。また、両親間の葛藤についてこれまで誰にも話すことができなかった、親の期待が大きく勉強ばかりさせられていることについて親に反発できなかった、精神疾患の親が気分によって違うことを言い不安があるなど、自分にとって家庭内で表現しにくかった気持ちを伝え、希望を口にできることで調子を回復していく子どもたちには多く会いました。「教育的外出」では、例えば看護師になりたい子どもに「女性は外で働くものじゃない」と反対しているお母さんがいて、「歴史に名を残した女性たち」についての展覧会に母子を連れ出すことを企画し、帰りの電車で喧嘩せずに進路について話し合えた親子がいました。

エデュケーターは自尊心や自身の価値について不安のある子どもが好きな習いごとができるように手配したり、心配性な親に行動を制限されているような状況があったらサマーキャンプに行けるように手配したりします。父のルーツについて十分知る機会がなかった場合に、父の出身地に旅行に連れて行ったり、親戚と一緒に心理士の面談を受け、昔の父についての情報を得る機会を作ることもあります。ターラも親子の関係性をより近くで支えることができるようにパポがキャンプに連れて行ったり、お父さんについて話せるよう植物園を散歩するシーンが出てきます。

エデュケーターと子どもが実際に物理的に会えるのは月1回から週1回程度ですが、そこでニーズを確認し、もっと継続的に親子をサポートしてくれる地域の機関につなぐなどケアのコーディネートもエデュケーターは担います。チーム内にも学習エデュケーターや幼児エデュケーターなどがいるので、分担して子どもが毎週1-2回誰かに会えるようにすることもあります。また、エデュケーターはそれぞれ自分の利用者のニーズに合った企画をすることになっているので、遠足や、毎週料理をするアトリエを開くなど子どもたち数人を集めて活動を提案することもします。相手のニーズに合わせるクリエイティビティが求められています。

子どもにとって「心配」な状況がなくなると連携機関に引き継いで支援は終了します。裁判官は期間を決めて、多くの場合一年ごとに裁判をやり直します。それまでに継続の必要がないと判断したら、支援を終了するための裁判を要求することもできます。単純に「子どもの調子が良くなったこと」が終了の理由であることが多いです。子どもの成長、状況の改善はほぼどの書類にも記録されています。そこで見られるのは、在宅教育支援が始まることで、家庭内の悩みやトランスジェンダーであること、養子としての養親との関係の難しさなど、これまで十分まわりに扱ってもらえていなかった話を聞いてもらうことができ、適した支援機関が見つかり、頼りにできるおとなたちに出会い、状況や子どもを取りまく環境が整っていく様子です。しかし一方で、親の調子はよくなっていない、夫婦間葛藤などは劇的には改善していない家庭もいくつもありました。

日本の在宅支援

在宅支援には二つの段階があります。心配のない家庭をも予防的に扱う支援と、心配のある家庭について特定の目的を設定し取り組む支援です。心配のない家庭についての在宅支援は、日本では養育支援訪問事業という形で保健師、助産師、保育士が家庭に通ったり、民間団体からボランティアが派遣されたり定期的に家事育児を手伝う支援もおこなわれています。心配のある家庭についての支援は、児童家庭支援センター、市町村子育て家庭総合支援拠点などが担っています。家庭での支援を強化しようという政府の方針は年々強化されていて、まさに注目されている分野です。

日本には子ども専門裁判官がいないので、子どもの教育、福祉、ケア、医療は親の意向に左右され、必ずしも子どもの権利が確保されているとは限らないことが問題点です。遊ぶ権利、休む権利が保障されているとは言えない状況があっても、親の権利が非常に強いため、子どもの権利は親次第になってしまう危うさがあります。どのように子どもの権利を守る仕組みを強化していくか議論されているところです。

フランスの近年の傾向

フランスでは在宅教育支援の対象となる家族が増え、ニーズは増える一方で追いついていない現実があります。福祉で求められる水準は上がり続けているので、面前 DVや、タブレットやテレビの前で長時間過ごす暮らしをした結果反応が少ない子ども、10歳前後から自殺願望があると口にする子ども、女性蔑視発言をした小学生、性自認について悩みを抱えサポートを必要とする子どもなど、対象は広がっています。

一方で、物価が上昇するなか、ソーシャルワーカーの仕事は初任給20万円台と決して高くなく、2022年には月2万8000円の昇給が果たされたものの、パリ近郊で暮らすには共働きでやっとという水準です。地方であれば広い家でゆっくりと暮らすことができるので、特に都市部で人材難に苦しんでいます。さらに、地方では民間であっても福祉は「国の役割を実現する職業」という位置付けで公務員のように社会的地位も認められているそうです。

仕事の中でも要求されることは増えています。職場で提供されている携帯電話には、子どもも親も毎日でも電話をかけてくる家族がいます。「姉が買ってきたシャンプーを母が使い、掴み合いの喧嘩をしているから今すぐ来てほしい」と小学生の妹から電話がくる、そんな日常で、固定電話の時代よりも呼ばれることは増えているそうです。その分、必要なタイミングにその場にいることができるので効率的な動きはできるとエデュケーターたちは言いますが、以前より対応も結果も早く求められているように感じるそうです。

さらに、求められているケアの内容も、よりきめ細かくなっています。市民法で子どもは親族や第三者との関係を維持することができると定められていることもあり、離別した父方の祖父母との面会や、元の里親との行き来などもエデュケーターにとってはオーガナイズする機会が多くあります。また、父子家庭で週半分は里親を利用することなども増えていて、家庭と里親宅で調和的に子どもを育てられるよう丁寧にサポートする必要があります。

外国出身家庭の多い地域では、外国出身家庭の流動的な出入国への対応も大変です。子どもが悪いことをしたとき、「修行」のためと言って突然母国に送り返し厳しい生活を経験させたり、母国で家族に預けていた子どもが扱いきれないと突然フランスに戻されたりすることが度々あり、子どもにとってはその変化を乗り越えフランスの学校についていくことが難しいことがあります。また、親族の中の病気や障害のある子どもや、介護が必要なお年寄りや障害のあるおとながフランスに送られてきて家族構成が変わり、それらにもエデュケーターが対応することがあります。

フランスに来た旧植民地出身の人は、フランスで成功し、家族に送金する、できれば呼び寄せることが母国の家族から期待されています。そのようにして、親のいるフランスに引っ越してくる子どもたちが在宅教育支援の利用者には多くいます。彼らはフランスでの素敵な生活をイメージして来ているのに、いざ来てみると、移民しかいない大規模市営住宅、親戚がひしめき合って暮らす家、ダブルワークをして疲れ切った親、学校も移民の子どもしかいない、思ったより過酷な環境と感じるそうです。iPhoneや1万円を超えるスニーカーを親が買ってくれないことに憤りを覚え、親子喧嘩するシーンはよく目にしました。地下鉄でエッフェル塔まで20分で行けるのにエッフェル塔を見たことがなく、都心は居心地が悪いから行きたくないという若者もいました。パリに住んでいてエッフェル塔を見たことがない、見たいと思えない。フランスに入国した日から未成年はフランス人と同じ権利が認められ翌日から学校に行け、大学も無料で行くことができたとしても、フランス人と同じ暮らしができるわけではない。不平等がある現実に対する若者たちの怒りはエデュケーターたちがよく口にすることです。

パボにとっての在宅教育支援

パボは言います。「子どもにはおとなが教育することが必要。だけど、画面の前で放置されている状況の子どもが多くいる。たまに挨拶するくらいで教育できるわけではない、子どもが向き合っている現実、子どもが抱いた疑問についてとことん話し合うおとなが必要。生きるために大事なことって何だろうということを語り合うこと。そうでないと、子どもたちは見捨てられたように感じて怒りを覚える」。

パボはエデュケーターをしていて子どもに「夢を抱いていいんだよ、実現する方法があるよ」と心の底から言えないことがひっかかっていたと言います。実際には社会が不平等で、思ったように叶わないことが多くある。人種差別は隠しきれていなくて現実にあると子どもたちは知っている。それでパボは漫画という形でエデュケーターという職業の価値を世の中に伝えよう、子どもたちの生き様について伝えようと思ったそうです。

子どもが泣いても呼んでも誰も来なかったら、いずれ泣かなくなり、自己にこもる、精神的トラブルを発症することがわかっています。その中で日本でも有名になったアタッチメント理論が広く共有され、子どもたち一人一人に話しかけることがされるようになりました。それがまさにエデュケーターの仕事だと言われています。自分の話を十分聞いてもらえていない、関心を持ってもらえていない、批判ばかりされている、優しい言葉をかけてもらえていない子どもがいます。そのとき、他人であっても自分への関心と優しい接し方、自分の持つ力を信じて励ましてくれるおとなに出会えたら、先々もそういったおとなに気づき、関係性を築くことができます。

エデュケーターのすることは関係性を育み、子どもが考えていることを注意深く聞き、疑問について一緒に答えを出し、特に、子どもがそういうおとなと出会う経験をさせることです。人生の接木のようなもの。それでより大きな木が育つなら接木があっていい。そのようなおとなに出会えていなかったら、自身が経験した批判や無視の方が身近になってしまうので、勇気づけ励ましてくれる他人と関係性を築く機会が作れない可能性があります。悪い扱いを受けて育った人が、悪い扱いをする人を自ら選ぶ傾向があるのはそういうことです。叩かれたのが自分のせいだと思うのは、いつ叩かれるかわからないから自分の身を守るためにそう思うのです。

パボは言います。エデュケーターは感情で考えるのではなく言葉で考えるので、子どもの感情から的確に言葉をあてはめられるよう、語彙が豊富である必要があります。エデュケーターに仕事道具があるとしたらそれは言葉です。

「ターラの夢見た家族生活」解説

この漫画はソーシャルワーカー専門誌ASH(Actualités Sociales Hebdo-madaires)に毎週連載されていたものが単行本になったものです。ASHは児童相談所や在宅教育支援機関、施設、福祉事務所とどこに行っても休憩室のテーブルに置かれ、昼食時の話題になります。自分の分野に関わらずソーシャルワーカーとしての連帯意識が根差し育っているつなぎめの一つをASHが担っているとも言えます。ジャーナリストたちの内容の濃い読み応えのある記事が並ぶ最後にターラが皆を笑わせてくれる。まずはターラから読む人もたくさんいるのではないでしょうか。

P7

パボは素敵な上司に恵まれたと言いますが、ここで描かれているのは福祉の世界で少しずつ増えてきている新しいタイプの上司への不満です。人手不足の中で、以前のようなたたき上げの現場出身の上司ではなく、修士をいくつも持っているタイプの、管理職はマネジメントだと考えるような人が採用されるようになりました。彼らはソーシャルワーカーたちの言葉がわからないし、ワーカーたちは彼ら管理職の言葉がわからないことを批判的に描いています。

難しい言葉を使うので部下には伝わらず、部下は自分が無能であると感じさせられ、バーンアウトを引き起こす人がいる。福祉分野なのに愛情のこもっていない言葉を使う人がいる。特にこのエピソードで上司は家族のことを心配していません。仕事の価値を理解していないのでソーシャルワーカーたちにとっては苦難です。

P9

エデュケーターには「第三者になる」ことがよく求められています。親子や両親は一対一でいると鏡のように反応したり、卓球のように直球で玉を撃ち返してしまったりします。そこに第三者がいることで、現在の状況や問題について一度距離を置いて話し合うことを可能にする。父は一体となっている母子の離別を可能とさせる存在と言われていますが、その役割、「離別を可能にする父の役割を引き受けてくれますか？」とターラはパボに聞きます。一方でターラの母はニュアンスを理解しようとせず直接的な意味でしか物事を捉えることができないので、パボが父であるなら自分のパートナーになることを期待してしまいます。

ターラが使っている「Bienveillante et contenante(親身で頼りになる)」という言葉も児童保護の分野ではキーワードとなる表現です。学校の先生もすべての子どもにその存在がいるか気を配り、いない場合は地域の習いごとなどで見つかるよう手配します。子どもにとって自分のこと、家族のことを話せる信頼できるおとながいることはリスク予防の大事なポイントとされています。

P10

「親をすること」はフランスの子ども家庭福祉政策の中心概念で、親という実践に注目し、子どもの成長のためのより良いケアと教育を専門職が親と話し合い、具体的に支えることで、子どもを支える親を支えることを目的としています。保健省は「家族、親をすることの支援デスク」を設け「親をすることへの支援国家戦略」を立てています。子どもの教育を担う親を在宅教育支援が支え、補完し、子どもの権利が守られているか確認する役割を子ども専門裁判所が担うという関係性です。

P12

弟のキリアンが話す内容はエデュケーターとの関係の成果とも言うことができます。おそらく、家族の歴史について話し合う機会があり、このような説明の言葉がつけられたのでしょう。「おまえさえ生まれなければ」「あいつのせいで人生だいなし」そんな言葉を聞いてきた子どもはいるものです。エデュケーターたちは両親の理解を得て子どもたちにとっての自分の歴史を前向きなものに書き換えることをとても大切にします。さらに、喜びを感じる機会、成功した経験、拍手された経験、いい成績がとれた経験、親といい時間を過ごした経験もなるべく作るようにします。そのような経験をしてきていない子どももたくさんおり、前向きに自分の人生に取り組むためには重要な要素だからです。

P17

子どもが自分と家族の歴史を理解する、再構築する、前向きなものに描き直すことはエデュケーターにとってとても大切とされています。「おまえの父親はろくでなしだった」といったことしか教えてもらえない場合や、家族に秘密があり子どもに教えていないこともあります。その上で自我を築くのはとても大変なことなので、親子一緒の面接を重ね、恋愛感情があった時期もあったことや子どもの妊娠中や出産したときの思いなど、子どもにとって自分の生の土台となる情報を集めます。なので、居場所のわからない父親を探すこともあります。子どもにとっては誰にも自分の生い立ちについての疑問を話せていないこともあるので貴重な機会で、一緒に考え探してくれたプロセス自体も意味のあるものになります。

P20

子どもにまつわる有名な事件が並んでいます。同時期に起きたものではないのですが、さまざまな子どもの不幸がありえることにターラは衝撃を受けています。

P27

モリエールの「Misanthrope(人間嫌い)」のセリフを話しています。モリエールは17世紀、ルイ14世の時代に活躍した劇作家で、フランス人にとってのシェイクスピアのような存在です。「人間嫌い」は虚偽に満ちた社交界への怒りを覚えている青年(アルセスト)が主人公で、韻文で書かれています。ここではターラがアルセスト、パボが友人フィラント役。

P29

パリのノートルダム大聖堂で2019年に火災が起き、人々に大きなショックを与えました。フランスの中心に位置し、誰もが知っている美しい聖堂。人々が手を繋ぎ讃美歌を歌いながら大聖堂の消火を見守っている報道も涙を誘いました。ノートルダムは「我々の母」という意味です。ターラが自分の境遇に重ねているシーンです。

P40

里親のもとを転々とさせられたとオルリーが話しています。フランスでは親子分離によって子どもを保護する一方で、親への支援を集中的におこない、子どもを早期に自宅に戻すことが目的とされています。そのため、里親が親代わりになってはいけないと、以前は里親に里子があまりなつくことは好ましくないとされていたそうです。Lyes Louffokは20代で自叙伝を書き、慕っていた里親と離された苦難、子どもの希望が聞かれなかったことを世に問い、のちに児童保護国家委員にもなりました。「教育的距離」は過去のものとされ、現在は子どもに愛情を持って接することが大事とされるようになりました。ただ、里子は常にいつ自宅に戻って暮らすことになるかわからない状況で、里親宅で暮らすという側面があります。自宅に戻ってからも里親との交流が維持される配慮は以前よりもされるようになってきていますが、子どもが難しい心境を経験することに変わりはありません。

P50

エデュケーターと歩いていると、エデュケーターの名前を呼びながら抱きついてくる、叫びながら走ってくる若者たちがたくさんいるので「あるある」と目を細めてしまう１ページ。そして立派になった若者のシャツ姿に対し、エデュケーターが音楽バンドのツアーTシャツを着ている対比も面白い。家族の暮らしもさまざまであるなか、エデュケーターはかしこまりすぎない親しみやすい服装をしていることが多いです。

P54

ターラが憧れている有名な漫画が壁に並んでいます。アルゼンチンのキノによる『マファルダ』の主人公は小さな子どもなのに政治に強い関心のある女の子。アメリカの『ザ・シンプソンズ』のリサ・シンプソンは個性的な家族の中で一人聡明なキャラクター。フランスのClaire Bretécherの『Agrippine』も抵抗する女性像を描いています。

P59

エデュケーターが大好きな言葉が散りばめられていてニヤニヤしてしまうページです。エデュケーターは自分の好きなことを子どもたちと分かち合いたい、子どもたちが喜ぶと思って自分の好きなことをたくさん持ち込むことには定評があり、子どもたちに苦笑いされます。ここでもパボは、フランスの文化というわけではないのですが、新年を祝うために願いごとをランタンに託そうよ！と素敵な思いつきをするのですが、願いごとがあまりに想定外だったためパボは動揺しています。

準備しているパボが子どもたちに「すてきだろ？（C'est pas beau ça?)」と言っているのもパボが一番興奮していることがわかります。そしてそのあと子どもたちに言う言葉も「みんなで分かち合う（Partager tous ensemble!)」、「教育的分かち合い（Partage éducatif)」「親密で親身（Avec de l'intimité bienveillante)」とエデュケーターの大好きワードが並びます。

P86

フランスの親子分離の95%、在宅教育支援の70%は裁判官による命令なので、決定後も半年か一年おきに裁判をやり直し、現状の変化に即した判断をします。エデュケーターは支援や措置の更新か終了について家族と話し合い、裁判の１カ月前に報告書を裁判官に提出しなければなりません。裁判官に提出する「教育的報告書」がコピペだとターラが言っていますが、実際に裁判官や機関長がエデュケーターを批判するときに言うことがあります。本来子どもだけでなく父や母の状況についても働きかけを十分おこない1年間の仕事の成果を盛り込まなければなりません。家族の歴史についても話し合いの中で深めて書く内容は増えるものですが、前回以上に進展がないとコピペで済む事態になってしまいます。実際には在宅教育支援の報告書は 20-30ページに及ぶ大作です。

P106

児童保護分野では、自分の夫との葛藤や、自分のことで精一杯で子どもの話をすることができない親にはよく出会います。親自身の悩みが解決するよう、ともに取り組み、子どもについての話し合いのたびに子どもを中心に考えるよう視点をずらすことを提案しますが、難しいことは大いにあります。

P107

「co-construire」という造語が最近多く使われていることを揶揄しています。「Co-」は「共に〜」という意味なので、共同構築ということになります。支援者が勝手に計画をし実行するのではなく、福祉は親子とともにつくる、当事者たちとともに作ることが目指され、親との協働、当事者との共創といった表現がよく使われます。

P108

古い俗語で、手のつけられない子どものことを incasable（枠なし）、ソーシャル分野でケアが必要な子どもを cassos（cas social = 英 social case）と呼んでいたこともあり、漫画の枠がないことをマディは不安がっています。枠の中にいるということは、自分のための場所があることであるとイメージされています。少し窮屈でも、安心する。けれど、調子が悪すぎて、どの施設や学校や里親、つまりどの枠組みの中にもいることができない子どもたちにも出会います、そのようなことから「枠なし」と呼ばれるようになったと言われています。

1年で10ヶ所以上の施設を転々とした若者に出会うこともあります。大きなトラブルを起こして他の子どもを保護するため移動することになったり、脱走したり……。児童相談所のソーシャルワーカーに聞くと「毎回おとなたちが徹底して誠実に対応すれば、落ち着くときがくる」と微笑みます。本人にとって「その」タイミングがくるまで、たくさんのおとなが必要、たくさんのいい出会いが必要、それらのステップを未成年のうちにしっかり踏めるよう支えます。成人してからでは福祉が人を追いかけることがなくなってしまうからです。つまり、「ここではない」と表現していい、とことん自分で納得できる状況がくるまで模索していい、それが未成年のうちにできたほうがいい、ということです。

P120

パボが一番好きだというページ。児童保護の世界に来る子どもの多くはすなおにかまってほしいと言えず、おとなの愛情を他の方法で試そうとします。エデュケーターがいても甘えたり泣いたりがなかなかできない子どもたちもいます。

CLAP
CLAP
心配して
くれるの
大好き！
おーい

P122

パボはこのページで「本人が望んでいないのに問題を見出し解決しようとする」対応を批判しています。「相手の代わりに求めない」ことは支援者の基本的な姿勢ですが、自分の専門性を過信し、「対応すべき問題がある」と言う人がいます。専門職会議や連携機関とのやりとりで衝突することがあるポイントです。

P123

マディの「優しい」という基準に疑問があると言うターラ。批判的な親のもとで親を全能と思い育つことは非常によくあることです。マディは子どもの反応の一つの典型を表しています。親の主張があまりに強く批判を許容しないので、子どもはなかなか親に対し距離をもって客観的にその考え方を捉えることが難しい。だからこそエデュケーターの出番です。自分の話を聞いてくれる人がいなかったら、「自分で意見を持っていい」ということを知らないことがあります。自分を評価してくれる人がいなかったら、「自分が評価されるに値する」と知る機会がないことがあります。優しさに触れていないと優しさの存在を知らない。けれど一度それを経験すると、聞いてくれる人、評価してくれる人、優しくしてくれる人を見つけて近づくことができます。批判的な言葉にばかり触れていると批判的な人に無意識に近づくことになります。

P124

エデュケーターの手取り年収平均は427万円に対し、心理士は477万円(2023年7月15日レート1ユーロ=155円)。そしてフルタイムでも心理士の勤務時間数はエデュケーターより短く設定されています。例えばパリの隣のセーヌ =サン =ドニ県の児童相談所などで公務員として働く心理士は3日半がフルタイムと設定されています。つまり心理士の方がかなり給料がいいのです。ただ、最近では心理士の待遇もそこまで良くないことも増えているそうです。

ここで心理士が使う言葉も非常に好んで使われている表現です。「批判することなく感情移入し聞きますよ。傾聴の姿勢を貫きます(Je suis dans l'empathie et dans le non-jugement, dans l'écoutance)」。

P126

エデュケーターに求められているのは相手と一緒にいて自然な会話の流れのなかで率直に反応し、愛情のある関係性を育むことです。それに対し、新たな流れとして「評価」「チェックリスト」「教育支援ツール」のようなものが出て来ていることへの批判が描かれています。児童保護分野では子どもの人数分の委託費が県の児童保護予算から支払われるのですが、障害分野ではアクションごと、つまり面談や家庭訪問の回数に応じて支払う仕組みが提案され問題になったこともあったそうです。

ちなみにこのアプリの名称と使われている顔はパボの上司だった人の顔で、実際はとても素敵な人でこの漫画に大笑いしたそうです。

Assistanat(援助)は右派がよく使う言葉で、支援に依存しているようなイメージもある表現です。なので、支援はいいが、助けられて初めて何かできるような依存的な関係では問題であるとこのアプリは言っています。右派の表現が含まれていることでパボとターラは怒っています。

また「loisirs innovants à moyens constants(同一予算で革新的なもの)」も、近年聞く言葉の並びで、同じ予算でこれまでと違った教育的活動をすることを求めている体制を批判しています。

P128

ターラはフランスの弁護士の制服の真似をしています。袖を効果的に振り、熱弁を振るうのが弁護士のイメージです。Effet de manche(袖振り効果、ひいては大袈裟な動き) という言葉もあります。

P131

ターラが手にしているのは、ターラの連載が毎週掲載されている ASH誌です。この絵のように職場には常にあり、専門職たちが話題にすることが多いのですが、待合室にもあるので利用者たちにも読まれています。

P137

ヴィクトル・ユゴーの『死刑囚最後の日』(1829年) は死刑制度に反対するため書かれた小説です。

精神医学の誕生はフィリップ・ピネル(1745-1829) からと言われています。精神疾患を抱え鎖で繋がれていた人への倫理的な扱い(traitement moral) を訴え、言葉によって回復をはかることができることを提唱しました。その流れを引き継いだのが例えばフロイトです。「倫理的な扱い」はその後、精神療法、作業療法などに引き継がれていきます。

P139

フランスには6週間ごとに2週間のバカンス、夏は2カ月のバカンスと年16週間学校がありません。エデュケーターたちは子どもたちのバカンス、レジャーの権利を保障するためにカタログを集め、それぞれの希望に合ったバカンスのオーガナイズに奔走します。親が反対するときは裁判官がサマーキャンプへの参加を決定することもあります。特に厳格な家庭で育つ小さい子どもなど、里親宅でバカンスの一部を過ごすことで自分の家庭を客観的に捉える機会にもなります。なかなか自分で企画して子どもを連れて行くことが難しい親には、グループで親子を連れて行くプログラムを組みます。より自立に近い方法としては、企画と準備を一緒におこなって、親自身が子どもを連れ電車に乗り旅行できるようにします。経済的に難しい場合は健康保険の家族部門から費用が出ます。
以前は海外に行く方が国内旅行より安かったため、子どもたちは頻繁にエデュケーターたちと海外に出かけていたそうです。それでも、祖父母宅に子どもを預けたり、バカンスのたびに旅行できる家族と、夏の間も副業したり子どもは学童保育で過ごす家族との格差は大きく存在すると言えます。

P140

「教育的外出」は教育的食事と並び、エデュケーターたちがよく使うツールです。そのときの若者にとって必要な能力を身につける機会を企画することが多いので、若者数人を連れての登山などは定番です。そのような機会に、自分だけ話しすぎる、他人のことをバカにしたようなことを言う、不平不満が多いなどについて話し合います。これまで言えなかったことを若者が言う機会になることもあります。ここで描かれているように実習中の学生が活用されることは多く、学生は子どもの担当を受け持たないので、その分、教育的外出に必要な情報収集、予約、持ち物の手配や準備を担当します。教育的外出のときは若者とも直接コミュニケーションしやすく、実習生にとって良い学びの機会にもなっています。

P142

ターラは誰よりも優秀で志が高く、そのぶん一人ぼっち。だからこそ、パボはターラの生き様を登山と表現し、山頂にいる絵を描いています。

P148

科学的ではない言説を信じている親とその子どもの対応は、ソーシャルワークの現場で度々見る光景です。子どもの権利が守られるように親と話し合いを重ねます。

フランスで利用者の請求がある場合に記録を開示するため、どんな細かな出来事も記録に残すことが求められています。

P151

自分の子ども時代に受けた暴力や愛情不足について泣き出す親はたくさんいます。子どもがよりよく成長できるために親に何ができるか一緒に考えます。自分の歴史が整理できていないとき、昔の話をして子どもの頃の表情になる人がいます。親と同じ、親と反対、ではなく、「自分はどんな親になりたいか」を模索するのをエデュケーターたちは手伝います。

P152

在宅教育支援の終了は、エデュケーターが親子と話し合い裁判官に提案、裁判官が子どもと直接話し合った上で決めます。終了が決定すると、どのようにお別れを言うかエデュケーターは家族と話し合います。家族とエデュケーターで遊園地に行ったり、思い出に残るお出かけをしたり、エデュケーターが家族一人一人に新たな角出を祝うプレゼントをしたりします。そのあとはエデュケーターから家族に連絡することはないのですが、子どもが望んで施設で暮らすようになったのに「脱走してきちゃった、少し話を聞いて」と電話してきたり、特に年度末の6月は高校卒業資格合格を報告する電話や来所がたびたびあります。在宅教育支援は1年半から3年程度で終わることが多く、人生のごく一部の期間です。それも家族にとってクライシスのような期間に関わることが多いので、「心配」な状況がなくなり支援が終了しても、必ずしも順風満帆と言えるほどの状況ではないことが多い。あとあと、いい報告を家族がしに来るのはエデュケーターにとって嬉しいことです。

P153

フランスの児童保護の子どもの記録で発達障害、愛着障害、学習障害という言葉を見たことがありません。日本の発達障害にあたる症状を説明すると「その子どもに合った教育を与えることができていない状況」と表現されます。そのような症状は個性＋環境＋心理からきていると考えられているので包括的なソーシャルワークと心理ケアが方法としてとられます。

なので、このシーンでキリアンについて描かれているように、障害と名づけ薬を飲ませる傾向に対する批判が強くあります。障害と名づけることで本人自身の問題にされてしまい、その症状が出た原因を模索することや、合った教育を見つけられていない専門職たちの落ち度を隠してしまうからです。

潜在的な力を引き出す努力をすることがエデュケーターたちに求められているので、その努力を怠り「障害」の状況にとどめることになると批判されています。

P155

漫画ではエデュケーターと訳していますが、子どもたちはよく「C'est mon éduc(私のエデュック)」と言います。エデュケーター出身の映画監督が撮影した映画『Placés』(「施設措置される」という意味)でも、若者をエデュケーターが追いかけるシーンで警察が何事かとかけつけ、エデュケーターを取り押さえますが、若者が「C'est mon éduc !」と言うと事情も聞かずその場で解放されます。エデュケーターという職業が社会的に認知されていることを感じさせるシーンです。実際に警察が若者を補導したりした際もエデュケーターが迎えに行けば親はいなくても釈放されるので、仲裁してもらうことも期待して警察に親ではなくエデュケーターの連絡先を伝える若者はよくいます。

P156

実際にパリでも近郊でも開業するエデュケーターは増えています。在宅教育支援機関でも、1週間のうち3日は機関の職員として働き、2日は自身でキャビネを開き、児童相談所から紹介されてきた、より個別フォローが必要な家族の面接をするという人もいました。フリーランスでスーパーバイザーをする人、研修専門機関で講師として働く人もいます。フルタイムではない働き方をする人の方がパリの調査先機関では多く、エデュケーターとして身につけた知識と能力を広く生かしていました。地方では、家庭教師代わりにエデュケーターを雇って子どもの教育を担わせている家庭もあるそうです。

P160

通りの名前になっている有名人は皆、体制に抵抗した人たちです。しかし、おとなは子どもに従うことを求める。そのことをターラは「おとなは、子どもに有名になることを求めていない」と批判し、自分たちの未来に通じる道を歩むよう仲間を誘っています。

P162

ここで描いているのは、パリ近郊で児童相談所に求人があっても応募者がおらず、空席が補充されていない、辞めてしまう人が多い現状です。子どもを守ろうとするのではなく「自分でなんとかしろ」という風潮が強まっていることも批判しています。

ホテルという言葉が出てきますが、ここでは社会的ホテルのことで、個人経営のような小規模なホテルが観光客の少ない季節に福祉分野の人を受け入れるようになり、やがて福祉からの安定した財源を目当てに福祉利用専門のホテルになったものです。何もかも壊してしまう若者、施設から脱走して売春しに行ってしまう若者をエデュケーターが12時間交代で24時間体制で一緒に寝泊まりし、日中はアクティビティに連れて行くという形態を調査で見たことがあります。しかし、特に課題が多く施設も里親もうまくいかなかったような子どもがホテルに入れられ、エデュケーターが十分ついていない状況を2021年にテレビ番組が指摘し、大臣はすぐにすべての子どもをホテルから出すことを約束しました。

P164

ここで話し合われているのは「グループ活動」。フランスのソーシャルワーカーは対個人のソーシャルワークだけでなく、ニーズに対応した福祉を自分で企画立案し実施することが求められています。例えば、母と姉が喧嘩ばかりしていて妹は母と話す機会も少ない家庭について、母と妹のお菓子作りの機会を隔週で用意したり、演劇が好きな中学生を集めショートムービーを作ったり、スタジオを借りてミュージシャンを呼び子どもたちの好きなラップを録音する機会を作ったりすることもあります。

アクションプロジェクトも近年よく聞く言葉で、研究者がメンバーに加わったりしながらこれまで課題とされていたことについて利用者と支援者が一緒に新たな試みをすることです。

訳者あとがき

この本との出会いは2022年6月、フランスの在宅支援全国大会の会場でパボが会場を沸かせ、サインを求めて休憩時間ごとに長蛇の列ができていたことからでした。会場には在宅教育支援に携わるエデュケーターなど専門職1200人がつめかけ、一体となって支援のこれからに熱論が交わされ、隣に誰か座るたび友達になり、子どもと家族をよりよく支えるため心を一つに過ごす、鳥肌がたち涙が出るイベントでした。休憩の前後に、パボが議論の内容に合った即席の絵を紹介し、参加者を笑わせていました。

当時私は日本に向け在宅教育支援を紹介し「エデュケーターに出会って子どもがこんなに元気になった」という話をしては「家庭内に入るのは監視されているみたいで嫌だ」という反応が少なからずあるなか、ひとりたたかっていました。私が日本で担当していた生活保護の子どもたちに在宅教育支援のエデュケーターがいたらきっとハンデを乗り越え幸せになれただろう、児童保護施設で会った子どもたちに在宅教育支援があったら親と一緒に暮らせていたのではないだろうか、私もこんなエデュケーターに子ども時代会っていたかった。私の好きな在宅教育支援、子どもを支える親を支える実践が日本で広がってほしい……。

大会初日に本を買って帰り、明け方まで読んで笑いました。涙が出ました。「本当だよ」ということだらけでいろいろな記憶や想いが蘇るのです。ターラとパボが日本で知られたら、ターラのように頼れるおとなに支えられ、心配の残る家庭環境でも親子分離されず家で暮らすことができる。

5日後には出版社に相談し、出版費用のためのクラウドファンディングでは2カ月半で538人の支援者の方の先行予約や寄付で331万円集まり、多くの方のお力添えで出版が実現することになりました。予約購入くださったみなさま、ありがとうございます。

この活動の価値に共感し奮闘を共にしてくださった工藤嘉央さん、村上達志さん、松岡康子さん、塩塚義雄さん、元木美砂さん、鈴木正昭さん、福田百合加さん、石川令子さん、妻川真理子さん、松葉早智さん、柴田みずきさん、武田まりさん、中村英仁さん、宮原契子さん、冨永みきさん、荒川みおさん、仲間に出会えたことが幸せでした、ありがとうございます。他にも協力してくださった方々、感謝しています。

より良い世の中を目指したたかう先輩方である団士郎さん、蓮田健さん、早川悟司さん、竹居昭子さん、齋藤統さん、応援いただきとても嬉しかったです。

作業するたびに笑いが止まらなかった私ですが、日本のみなさんにとってもおもしろいか確認しアドバイスくださった石川令子さん、島内シスターズ、ありがとうございます。ターラのおかげで友達ができました。

この本のすてきな日本語版実現を支えてくださったサウザンブックスの古賀さん安部さん、編集してくださった原さん、デザインと印刷を担当くださった方々、ありがとうございます。

親子を支える仕事や活動をしている方が日本にたくさんいる。その力がつながっていくことが大きな変化をおこすと思います。自己責任でも親への押し付けでもない、すべての子どもたちが大切にされる社会を築いていくために。この本が未来を語る一つの視点となりますように。

JE VAIS ÊTRE UNE STAR AU JAPON!
JE VAIS ÊTRE UNE STAR AU JAPON!!
N'EMPÊCHE! SI ELLE AVAIT EU "UNE MÈRE COMPÉTENTE," COMME VOUS DITES, VOUS CROYEZ QU'ON S'INTERESSERAIT À ELLE ?!
DONC MERCI QUI ?
ありがとう

ターラ：
日本でスターになる！
日本でスターになる！

ママ：
あなたが言うような「能力のある母」だったとしたらターラは有名になれなかったわよね？誰のおかげかしら？

著者
パボ(PAVO)
1974年リヨン生まれ。高校の歴史教師をしたのち 2001年エデュケーター専門学校に入学。2001年から 2009年までパリの児童保護施設にて、2009年から 2019年までパリ近郊の在宅教育支援機関にて働く。子どもに「窓ガラスを割る代わりにその怒りを絵にして皆を笑わせよう」と提案し子どもたちと絵を描いた。同時に 2007年から 2019年まではエデュケーター養成学校の講師として人気を博す。エデュケーターという仕事の価値と、「子どもは支えられたらたくましく育つことができる」ことをターラを通して描くこの漫画はフランスのソーシャルワーカー専門誌 ASHにて 2019年に連載開始、雑誌の表紙の絵も手がける。現在は年 20回ほど学会やエデュケーターの全国大会で議論の内容を即席で絵にして会場を沸かせる。中高生の 3人の娘とパートナーと暮らす。

訳者
安發明子(あわあきこ)
フランス子ども家庭福祉研究者。1981年鹿児島県生まれ。首都圏で生活保護ワーカーとして働いたのち 2011年渡仏。フランスの子ども家庭福祉分野の調査をしながら日本へ発信を続けている。すべての子どもたちがしあわせな子ども時代を過ごし、チャンスがある社会をめざして活動している。代表的な著作に『一人ひとりに届ける福祉が支える フランスの子どもの育ちと家族』(かもがわ出版、2023年)がある。
HP: akikoawa.com

ターラの夢見た家族生活
親子をまるごと支えるフランスの在宅教育支援

2024年2月20日 第1版第1刷発行

著者 パボ
訳者 安發明子
発行者 古賀一孝
発行 株式会社サウザンブックス社
〒151-0053 東京都渋谷区代々木2丁目23-1
http://thousandsofbooks.jp
デザイン・DTP 渡辺将志（ダブリューデザイン）
編集 原正人
印刷・製本 シナノ印刷株式会社

Special thanks 齋藤 統、合同会社若林産業医事務所

落丁・乱丁本は交換いたします
法律上の例外を除き、本書を無断で複写・複製することを禁じます
© Akiko Awa 2024, Printed in Japan

ISBN978-4-909125-47-7

全国書店で好評発売中

かぞくがのみすぎたら

『かぞくがのみすぎたら』
お父さんが呑みすぎるのはぼくのせい？
アルコール依存症の家族をもつ子どもたちのケアに
ISBN：978-4-909125-02-6

悲しいけど、青空の日

『悲しいけど、青空の日
親がこころの病気になった子どもたちへ』
うつ病のお母さんと暮らすモナが
子どもらしさを取り戻すまで
ISBN：978-4-909125-20-0

thousandsofbooks.jp

RIPHERIQUE
IVRY
30